教育部人文社会科学研究青年项目"我国价格贸易条〔……〕〔……〕导机制、
理论模型、数值模拟与计量分析"（11YJC790182）资助

中国价格贸易条件冲击的
动态传导机制与效应研究

王 亮 张 欣 著

经济科学出版社

图书在版编目（CIP）数据

中国价格贸易条件冲击的动态传导机制与效应研究/
王亮，张欣著．—北京：经济科学出版社，2016.5
ISBN 978 - 7 - 5141 - 5282 - 1

Ⅰ．①中…　Ⅱ．①王…②张…　Ⅲ．①进出口贸易 -
价格 - 研究 - 中国　Ⅳ．①F752.6

中国版本图书馆 CIP 数据核字（2016）第 112245 号

责任编辑：王柳松
责任校对：隗立娜
版式设计：齐　杰
责任印制：邱　天

中国价格贸易条件冲击的动态传导机制与效应研究
王　亮　张　欣　著
经济科学出版社出版、发行　新华书店经销
社址：北京市海淀区阜成路甲 28 号　邮编：100142
总编部电话：010 - 88191217　发行部电话：010 - 88191522
网址：www. esp. com. cn
电子邮件：esp@ esp. com. cn
天猫网店：经济科学出版社旗舰店
网址：http：//jjkxcbs. tmall. com
北京万友印刷有限公司印装
880 × 1230　32 开　7 印张　200000 字
2016 年 5 月第 1 版　2016 年 5 月第 1 次印刷
ISBN 978 - 7 - 5141 - 5282 - 1　定价：32. 00 元
（图书出现印装问题，本社负责调换。电话：010 - 88191510）
（版权所有　侵权必究　举报电话：010 - 88191586
电子邮箱：dbts@ esp. com. cn）

序

价格贸易条件能够真实地反映一国出口换进口的能力，是衡量国际贸易过程中各国贸易利益得失的重要标准之一。在当前经济全球深度融合的背景下，价格贸易条件变量在宏观经济系统中的重要性不言而喻。目前，学术研究基本达成共识：即价格贸易条件冲击不仅会影响储蓄、消费决策行为，还会引致一国的贸易收支、通货膨胀和经济增长等主要宏观经济发生系列连锁反应，特别是对那些以出口初级产品为主的发展中国家来说，价格贸易条件冲击被视为影响宏观经济波动的重要诱因之一。

中国是发展中贸易大国，改革开放至今，特别是2001年加入WTO以后，中国对外贸易呈现高速发展态势。2015年，在全球经济总体复苏乏力，发展前景艰难曲折等复杂严峻的国际贸易环境中，中国的货物贸易总值依然高居全球第一。目前，中国已经是全球第一货物贸易大国和第一大出口国，出口市场份额高达13%。但中国不是贸易强国，突出表现为初级产品占出口产品的比重偏大，主要依靠廉价的劳动力来换取国际产业链低端的微薄利润，所以中国始终处在"微笑曲线"的最低端。发展中贸易大国而非强国的客观事实，意味着与欧美等发达国家相比，中国价格贸易条件的变化更加敏感，由此产生的价格贸易条件冲击对宏观经济系统的影响不容小视。因此，深刻理解价格贸易条件冲击的传导途径与扩散机制，对中国规避国际市场价格波动风险、设计和执行国内宏观经济调控政策具有重要意义。

我非常高兴地看到，由大连民族大学经济管理学院王亮副教授和国际商学院张欣副教授撰写的学术专著《中国价格贸易条件冲击的动态传导机制与效应研究》即将出版发行。该书共分10章，在全面地梳理了国内外有关价格贸易条件研究的优秀成果的基础上，构建了价格贸易条件冲击影响效应数理模型，考察了价格贸易条件冲击的传导机制，并使用现代计量和时间序列分析方法实证研究了中国价格贸易条件的长期变动趋势、短期波动特征、冲击持久性及其对经济增长和经常账户的影响效应等问题。

本书既是王亮副教授主持的教育部人文社会科学研究青年项目"我国价格贸易条件冲击的动态传导机制：理论模型、数值模拟与计量分析（11YJC790182）"的结题成果，也是王亮副教授和张欣副教授多年来对价格贸易条件冲击问题研究的总结和升华，是国内世界经济和国际贸易研究领域中不可多得的一部学术力作。

《中国价格贸易条件冲击的动态传导机制与效应研究》一书具有如下特点：

一、研究内容新颖

本书研究了中国价格贸易条件序列自身的统计特征，考察了中国价格贸易条件冲击的债务传导机制，使用B－N分解技术从中国价格贸易条件序列中分离出持久性冲击成分和暂时性冲击成分，然后在边界检验、自回归分布滞后模型和VAR模型框架下考察了两种不同冲击成分对经常账户的动态影响。上述研究内容均是首次出现在国内价格贸易条件研究中，极大地拓宽了国内学术同行的研究视野。

二、研究结论意义深远

本书把中国价格贸易条件长期变动趋势分为重度恶化（1980～

1986 年）、震荡改善（1987～1998 年）和震荡重度恶化（1999～2013 年）三个阶段，科学测算出中国价格贸易条件冲击半衰期为11.60 年，具有较强的持续性，属于长期冲击，并发现价格贸易条件均值水平及其波动性对中国经济增长具有正向影响，价格贸易条件持久性成分与暂时性成分对经常账户的影响显著，但作用方向相反，持久性成分与经常账户正相关，暂时性成分与经常账户负相关。这些重要研究结论对"新常态"背景下中国管理和干预价格贸易条件冲击具有重要的政策启示意义。

尽管还存在着一些不足，但客观地讲，目前国内学术界对价格贸易条件冲击研究的学术专著尚不多见，更不深入。本书首次系统研究了中国对外贸易条件冲击的动态传导机制和传导效应问题，对拓展国内世界经济和国际贸易领域的研究边界具有建设意义。本书的出版发行势必在学术界引起强烈反响，能够引起更多的研究人员关注中国价格贸易条件冲击问题。

崔日明　教授

辽宁大学经济学院副院长、博士生导师

2016 年 4 月 5 日

前　言

　　价格贸易条件定义为出口价格指数与进口价格指数的比值，是国际贸易领域中最重要的相对价格之一。作为衡量经济体贸易利益的重要指标，价格贸易条件的长期变动趋势、短期波动特征及其对宏观经济系统的冲击效应备受学术界和政策制定者关注。本书全面梳理了自"HLM"效应提出以来，国内外有关价格贸易条件研究的优秀成果，详细推演了价格贸易条件冲击的数理模型，重点考察了价格贸易条件冲击的债务传导机制和传递机理。

　　以上述文献综述和理论分析为支撑，本书采用 H-P 滤波方法、B-N 分解技术、GARCH（1，1）模型、中值无偏估计技术、边界检验、ARDL 模型、预测误差方差分解和脉冲响应函数等计量和时间序列方法对中国价格贸易条件的长期变动趋势、短期波动特征、冲击持久性及其对经济增长和经常账户的影响效应等问题进行了实证研究。主要得出以下四点结论：

　　其一，从长期来看，中国价格贸易条件呈现恶化趋势。在整个研究样本内，中国价格贸易条件的均值变化过程大体可以划分为三个阶段：第一阶段是 1980~1986 年，该阶段为持续重度恶化阶段；第二阶段是 1987~1998 年，该阶段价格贸易条件呈现震荡改善态势；第三阶段是 1999～2013 年，该阶段的价格贸易条件走势表现为震荡重度恶化。

来自波动性变化趋势的经验研究显示：综合来看，中国价格贸易条件整体波动性的变化轨迹以 1990 年为分界点，呈现"V"字形结构。在"V"字的左侧（1980～1990 年），下降的坡度相对陡峭，这说明价格贸易条件波动性下降较快；而在"V"字的右侧（1990～2013 年），上升的坡度相对平缓，这表明价格贸易条件波动性在缓慢增强。

其二，中国价格贸易条件冲击中值无偏半衰期结果是 11.60 年，具有较强的持续性，属于长期冲击。这与中国价格贸易条件的时序变化呈现缓慢的均值回复特征基本吻合。同时，我们还发现，基于最小二乘估计方法得到的迪基—富勒回归方程中的参数确实存在被低估的现象。与中值无偏估计结果相比，最小二乘估计结果被低估了 12.8%。可见，中值无偏估计技术对最小二乘估计的修正作用相当明显。

其三，价格贸易条件均值水平及其波动性对中国经济增长具有正向影响。其中，价格贸易条件对人均实际 GDP 增长具有正向影响的研究结论与布拉特曼（Blattman，2003）、韦廉臣（Williamson，2003）的研究结论相一致。但价格贸易条件波动性对人均实际 GDP 增长也具有正向影响的研究结论却与格赖姆斯（Grimes，2006）和布拉特曼（Blattman，2004）的研究结论有所不同。

其四，不同成分的价格贸易条件冲击对中国经常账户的动态影响效应存在显著差异。首先，价格贸易条件持久性成分与暂时性成分对经常账户的影响显著，但作用方向相反，持久性成分与经常账户正相关，暂时性成分与经常账户负相关。其次，持久性成分对经常账户的影响明显大于暂时性成分对经常账户的影响，前者的影响强度为 0.363，后者的影响强度为 -0.105。最后，经常账户对价格贸易条件持久性冲击和暂时性冲击的动态反应模式存在显著差异，持久性冲击对经常账户的影响具有时滞效应，在面临同样一个标准差的正向冲击后，经常账户对持久性冲击的反应更为敏感、记忆时间更长。

与国内现存的研究文献相比，本书力争在研究方法、研究内容和研究结论上有所突破和创新，具体体现在以下三个方面：

其一，度量了中国价格贸易条件冲击的持续性并计算了半衰期。

长期以来，学术界只注重研究价格贸易条件冲击对其他宏观经济变量的影响，而忽视了价格贸易条件序列自身的统计特征。本书使用H-P滤波方法和GARCH（1，1）模型对中国价格贸易条件的长期变动趋势和短期波动特征进行了实证研究，并对其演进过程进行了阶段性划分。在此基础上，首次采用中值无偏估计技术对1980~2013年间中国价格贸易条件的持续性进行了研究，并计算了中国价格贸易条件持续性的半衰期。

其二，采用数值模拟方法仿真分析经济系统对价格贸易条件冲击的反应模式。

数值模拟分析方法是具有实验模拟性质的考察变量间传导效应的典型研究方法，在国外学术研究中经常出现，但在国内学术研究过程中，数值模拟方法使用得还不多。本书首次借鉴数值模拟方法来研究中国价格贸易条件的债务传导机制和传导效应，在研究方法上有所突破。

其三，采用B-N分解、边界检验和自回归分布滞后模型来考察持久性和暂时性价格贸易条件冲击与经常账户之间的长期均衡关系和短期动态影响。

本书首先使用B-N分解技术从中国价格贸易条件序列中分离出持久性冲击成分和暂时性冲击成分，然后，在边界检验、自回归分布滞后模型和VAR模型框架下考察了两种不同冲击成分对经常账户的动态影响。边界检验和自回归分布滞后模型能够解决当$I(0)$和$I(1)$序列同时存在时，如何检验变量之间是否存在长期关系和短期动态影响。这与目前学术界广泛使用协整检验和误差修正模型有所不同，因为协整检验方法和误差修正模型对变量序列的同阶平稳性要求较为严格，即所考察的变量序列必须具备相同的单整阶数。为此在作协整检验和误差修正建模之前通常都需要使用单位根检验方法来判断变量序列的单整阶数，但近年来单位根检验方法在判断变量序列平稳性和单整阶数方面备受质疑。这意味着，采用传统的协整方法和误差修正模型来研究价格贸易条件冲击与经常账户之间的长期均衡关系和短期动态影响可能会存在着偏误。

王 亮 张 欣
2016 年 2 月

目 录

第 1 章

绪　　论

　　国际贸易实质上追求的是比较优势下所产生的贸易利益。贸易参与国往往都是基于自身比较优势基础上发展具有比较优势的外贸产业，从中获得贸易利益。然而，贸易利益在国际上的分配和再分配并不是平均的，贸易额的增长并不等于贸易利益的增长，这其中隐藏着量与价的区别。价格贸易条件是国际贸易领域中最重要的价格指标之一，它能够衡量一国在国际贸易中所处的地位。它的变动不仅能反映和度量一国对外贸易利益的得失，更会引发一系列经济效应，特别是会对一国宏观经济系统产生冲击和影响，给经济增长带来不确定性。长期以来，价格贸易条件变动趋势及其对宏观经济运行的影响效应和传导机制等问题，一直是国内外学术界关注的焦点。本书以价格贸易条件为研究对象，考察中国价格贸易条件冲击的传导机制与传导效应，主要是基于以下三方面考虑：

1.1 研究背景及意义

1.1.1 形势所迫

近年来，受全球产业结构调整、美国"次贷危机"和希腊债务危机等诸多因素综合影响，中国对外贸易发展面临的国际环境、国内环境错综复杂。从外部形势来看，"东方生产——西方消费"的传统对外贸易发展模式已经瓦解，取而代之的是以美国为代表的欧美发达国家重启"出口推动型"增长模式与"再工业化"发展战略。更为重要的是，世界贸易和投资规则加速重构，由美欧等发达经济体所主导的 TPP（跨太平洋战略经济伙伴关系）和 TTIP（跨大西洋贸易和投资伙伴协定）谈判平台已逐步取代了传统的 WTO 成为全球新的多边贸易和投资体系，国际对外贸易竞争态势有所增强。与此同时，西方新贸易保护主义势力也跃跃欲试，各国间贸易摩擦愈演愈烈。

从内部形势来看，人民币升值预期强烈，流动性泛滥成灾，通货膨胀压力有增无减。受此影响，劳动力成本和原材料价格不断上涨，传统的劳动密集型和资源依赖型外贸生产加工模式已不可持续，国内外贸发展方式转型和外贸产业结构升级的倒逼机制已经形成。复杂多变的对外贸易发展环境在中国价格贸易条件走势上表现得相当明显，进入 20 世纪 80 年代中后期，中国价格贸易条件走势持续恶化，到 90 年代价格贸易条件才出现短暂改善。但进入 21 世纪以来，特别是 2002～2008 年间，中国价格贸易条件恶化态势不断加剧，由 102 下降至 74，下降幅度之大、速度之快令人震惊。在中国外贸依存度居高不下的背景下，研判价格贸易条件冲击的传导途径与作用机制，对合理规避冲击所带来的负面影响，保持中国宏观经济环境的健康、稳定具有重大的现实意义。

1.1.2 理论需要

客观地讲，受中国对外开放时间较短的影响，中国价格贸易条件问题的学术研究起步也较晚。目前，国内学术界现有的研究成果集中关注于考察中国价格贸易条件均值水平的长期变化趋势、影响因素及中国是否出现"贫困化增长"等问题。相比较而言，国内对不可预期的价格贸易条件冲击、冲击的动态传导机制、冲击的持久性及由此带来的经济增长效应的研究尚不多见，更不系统，远远落后于国际研究前沿。在此背景下，国内学术界在价格贸易条件研究领域亟须突破，本书运用数理模型推演、数值模拟和计量检验等国际规范分析框架体系，系统研究了中国对外贸易条件冲击的效应问题，对拓宽中国价格贸易条件研究领域学术边界，拓宽中国国际贸易和世界经济领域的研究范围具有重要的建设性意义。

1.1.3 决策要求

价格贸易条件是国别经济相互联系的重要变量之一，近年来，随着全球经济互动程度的不断加深，价格贸易条件变量在宏观经济系统中的重要性日益凸显。价格贸易条件冲击被视为小型开放经济体宏观经济波动的重要原因之一，特别是对那些以出口初级产品为主的发展中国家来说，这一点体现得尤为明显。因此，准确把握价格贸易条件冲击的作用机制与扩散途径，对世界各国规避国际市场价格波动风险、设计和执行经济调控政策具有重要意义。所以长期以来，价格贸易条件一直是政策制订者关注的焦点。中国是发展中的贸易大国，但绝对不是贸易强国，由于初级产品和低技术含量的工业制成品贸易占总贸易结构的比重偏大，中国价格贸易条件波动格外剧烈，由此引致的冲击给经济健康运行带来的影响不可小视。

若不重视价格贸易条件冲击对经济发展的影响，则有可能会陷入价格贸易条件恶化论所描述的困境当中，甚至会出现"贫困化增长"现象，掉入"比较优势陷阱"。因而，时刻关注价格贸易条件的变动趋势及波动态势，准确识别中国价格贸易条件冲击的传导机制及经济增长对价格贸易条件冲击的反应模式，是中国制定科学的贸易政策、财政政策和货币政策，实施正确的贸易战略以及采取有效措施积极干预和管理价格贸易条件冲击的重要前提和主要依据；对保持中国经济和对外贸易的可持续健康发展，也有着极其重要的指导意义。

鉴于上述形势、理论和决策意义，有必要对中国价格贸易条件变动的长期演进趋势、短期波动特征、冲击反应模式及其对宏观经济系统的影响效果和传导机制等问题，进行全面系统地研究和分析。

1.2 研究对象界定

宽泛地讲，贸易条件包括四种类型：价格贸易条件、收入贸易条件（Income Terms of Trade，ITT）、单要素贸易条件（Single Factor Terms of Trade，SFTT）以及双要素贸易条件（Double Factor Terms of Trade，DFTT）。这四种类型的贸易条件，均从不同侧面反映了一国出口换进口的能力和贸易利益得失情况。

1.2.1 价格贸易条件

价格贸易条件（Net Barter Terms of Trade，NBTT）也经常被称为净贸易条件、净实物贸易条件或净易货贸易条件，用一国出口商品和进口商品价格指数之比来表示。其内在的经济学含义，是度量每单位出口商品能够换回进口商品数量的能力。

$$NBTT = \frac{Px}{Pm} \qquad (1-1)$$

其中，Px = $\sum x_i P_i$，表示出口商品价格指数，x_i 代表出口商品 i 占对外贸易总额的比重，P_i 为商品 i 报告期价格与基期价格的比值。Pm = $\sum m_j P_j$，代表进口商品价格指数，m_j 代表进口商品 j 占对外贸易总额的比重，P_j 为商品 j 报告期价格与基期价格的比值。如果 NBTT 的值上升，则意味着，报告期出口一单位商品所能换回的进口商品数量与基期相比有所增加，称之为价格贸易条件趋于改善，相反则恶化。

1.2.2 收入贸易条件

收入贸易条件表示为，价格贸易条件指数乘以出口商品数量：

$$ITT = \frac{Px}{Pm} \times Qx$$

或：
$$ITT = NBTT \times Qx \qquad (1-2)$$

这里，Qx 为出口商品数量。ITT 度量了一国出口对进口的购买能力，能够反映一国绝对进口能力的变动趋势。在贸易收支平衡的条件下，一国 ITT 值越高，说明其进口能力与收入水平越大。

1.2.3 单要素贸易条件

单要素贸易条件定义为，价格贸易条件乘以出口部门劳动生产率，表示出口商品中所包含的每单位生产要素能够换回的进口商品数量。

$$SFTT = \frac{Px}{Pm} \times Zx$$

或：
$$SFTT = NBTT \times Zx \qquad (1-3)$$

其中，Zx 为本国出口部门的劳动生产率。单要素贸易条件表明，对外贸易本质上是间接的生产要素交换行为，它把商品的价格变化与劳动生产率变化联系起来，反映了劳动生产率变动对贸易条件的影响，进而把对贸易利益分配的研究深化到了生产层面。

1.2.4　双要素贸易条件

双要素贸易条件定义为，价格贸易条件乘以本国出口品生产率除以外国生产本国进口品生产率。

$$DFTT = \left(\frac{Px}{Pm}\right) \times \left(\frac{Zx}{Zm}\right)$$

或：
$$DFTT = NBTT \times \frac{Zx}{Zm} \tag{1-4}$$

其中，$\frac{Zx}{Zm}$ 为两国贸易商品相对劳动生产率。双要素贸易条件的经济学含义，可以理解为需用多少单位包含在出口产品中的本国生产要素来换取包含在进口商品中的外国生产要素，它反映了一国进口的真实要素成本变化。但各国一般都不太关心其他国家生产要素的变动情况，所以，这个指数通常不被重视。

在这四个贸易条件概念中，收入贸易条件由于受出口数量的影响，还不能够准确反映一国贸易利益的真实变动趋势。随着世界经济的融合发展，各国的单要素贸易条件也都不同程度地出现上升趋势，所以，单要素贸易条件也不能较好地反映各国贸易利益分配不均的现实。双要素贸易条件由于受劳动生产率数据可获得性较差的限制，也存在一定的局限性。鉴于此，本书主要研究价格贸易条件。价格贸易条件作为国际贸易领域最重要的相对价格之一，是贸易条件的核心概念，是衡量一国出口盈利能力的重要指标。价格贸易条件能够准确反映一国在国际市场上竞争能力的恶化与改善，从而间接反映一国产业结构变化和比较优势情况。价格贸易条件波动，可以反映一国抵御对外贸易冲击的能力。综合来看，对发展中的贸易大国而言，最有意义的贸易条件指数就是价格贸易条件。

1.3 研究方法与创新之处

1.3.1 研究方法

本书在研究过程中注重理论研究与实践分析相结合，规范分析与实证分析相结合。此外，还根据研究需要使用了大量前沿动态计量经济分析和时间序列分析方法，同时绘制了大量的图表，图文并茂地展示了研究结论，不仅增强了本书的研究深度，而且还使本书的研究更具有科学性。数理性、动态性和实证性，是本书研究方法的主要特点。具体采用的研究方法如下：

一、宏观研究方法

1. 文献搜集与综合分析相结合。本书广泛搜集了与价格贸易条件相关的文献资料，通过对国内外文献资料的比较、分析和综合，寻找本书的研究视角和创新点。

2. 理论模型与计量分析相结合。本书首先使用数理推演分析方法考察了价格贸易条件冲击对宏观经济的影响效应，并使用数值模拟方法分析了价格贸易条件影响经济增长的传导机制。在此基础上，度量了中国价格贸易条件冲击的持久性，最后运用现代计量和时间序列方法研究了中国价格贸易条件与经常账户和经济增长之间的动态影响关系。

二、微观研究方法

本书在具体研究过程中使用了数理证明、中值无偏估计（Median – Unbiased Estimate）、B – N 分解、单位根检验（Unit Root Test）、H – P 滤波、移动标准差（Moving Standard Deviation）、边界

检验方法（Bounds Test）、GARCH（1，1）模型、Johansen 协整检验（Johansen Cointegration Test）、自回归分布滞后（ARDL）模型、预测误差方差分解（Forecast Error Variance Decomposition）和脉冲响应函数（Impulse Response Function）等计量和时间序列方法。

1.3.2　创新之处

与前人的研究成果相比，本书力争在研究方法、研究内容和研究结论上有所突破和创新，具体体现在以下三个方面：

其一，度量了中国价格贸易条件冲击的持续性，并计算了半衰期。

长期以来，学术界只注重研究价格贸易条件冲击对其他宏观经济变量的影响，而忽视了价格贸易条件序列自身的统计特征。本书使用 H－P 滤波方法和 GARCH（1，1）模型对中国价格贸易条件的长期变动趋势和短期波动特征进行了实证研究，并对其演进过程进行了阶段性划分。在此基础上，首次采用中值无偏估计技术对1980～2013 年间中国价格贸易条件的持续性进行了研究，并计算了中国价格贸易条件持续性的半衰期。

其二，采用数值模拟方法仿真分析经济系统对价格贸易条件冲击的反应模式。

数值模拟分析方法是具有实验模拟性质的考察变量间传导效应的典型研究方法，在国外学术研究中经常出现，但在国内学术研究过程中，数值模拟方法使用得还不多。本书首次借鉴数值模拟方法来研究中国价格贸易条件传导机制和传导效应，在研究方法上有所突破。

其三，采用 B－N 分解、边界检验和自回归分布滞后模型来考察持久性和暂时性价格贸易条件冲击与经常账户之间的长期均衡关系和短期动态影响。

本书首先使用 B－N 分解技术从中国价格贸易条件序列中分离

出持久性冲击成分和暂时性冲击成分，然后在边界检验、自回归分布滞后模型和 VAR 模型框架下考察了两种不同冲击成分对经常账户的动态影响。边界检验和自回归分布滞后模型能够解决当 I(0)和 I(1) 序列同时存在时，如何检验变量之间是否存在长期关系和短期动态影响。这与目前学术界广泛使用协整检验和误差修正模型有所不同，因为协整检验方法和误差修正模型对变量序列的同阶平稳性要求较为严格，即所考察的变量序列必须具备相同的单整阶数。为此在做协整检验和误差修正建模之前，通常都需要使用单位根检验方法来判断变量序列的单整阶数，但近年来单位根检验方法在判断变量序列平稳性和单整阶数方面备受质疑。这意味着，采用传统的协整方法和误差修正模型来研究价格贸易条件冲击与经常账户之间的长期均衡关系和短期动态影响可能会存在着偏误。

1.4 整体研究框架

本书沿着文献分析、理论模型推导和计量实证检验的逻辑思路开展研究工作，由 10 章组成。

第 1 章为绪论。主要阐述了选题背景与意义、研究方法、创新之处、研究不足与展望，以及本书的主体框架结构，并重点对本书的研究对象进行了界定和说明。

第 2 章为价格贸易条件相关研究文献综述。主要是从国内、国外两个视角全面梳理了有关价格贸易条件的研究文献，通过对现有研究文献的比较和综合，引出本书的研究视角和切入点。

第 3 章为价格贸易条件理论演进。主要以古典国际贸易理论为基础，重点论述了基于发达国家的古典价格贸易条件理论、基于发展中国家的普雷维什—辛格命题以及基于发展中大国的贫困化增长理论等三个颇具影响的价格贸易条件理论。并研究比较了要素累积型经济增长与技术进步型经济增长对价格贸易条件的不同影响。

第 4 章为价格贸易条件冲击对经常账户影响的数理模型。本章放松了价格完全灵活和市场充分竞争等假设条件，在存在不完全竞争和名义价格刚性的跨期最优化分析框架下，重新考察了小型开放经济体可预期的持久性价格贸易条件冲击、不可预期的暂时性价格贸易条件冲击与经常账户之间的动态影响关系。

第 5 章为价格贸易条件冲击效应的数理模型。与第 4 章相比，本章有两个特点：一是所考察的价格贸易条件冲击类型更为丰富，不仅考察了不可预期的持久性冲击效应和暂时性冲击效应，而且还研究了可预期的持久性价格贸易条件冲击效应以及预期错误（把持久性冲击错误地预期为暂时性冲击）效应。二是研究范围进一步扩大，不仅考察了不同类型价格贸易条件冲击对实际支出、财富边际效应和经常账户等宏观经济变量的影响，而且还度量冲击对社会福利损失的影响。

第 6 章为价格贸易条件冲击传导机制，重点从债务传导、消费与储蓄传导以及投资传导三个方面研究了价格贸易条件影响经济增长的内在机制和传递机理。

第 7 章为价格贸易条件变动趋势与冲击持久性。首先，从水平值和波动性两个角度考察了中国价格贸易条件轨迹的变动趋势。其次，介绍了中值无偏估计技术和半衰期计算方法，并实证计算了中国价格贸易条件冲击的持久性与半衰期。

第 8 章为价格贸易条件及其波动性对经济增长的影响。重点采用单位根检验、协整检验、脉冲响应函数以及预测误差方差分解等计量和时间序列方法考察了价格贸易条件均值水平及其波动性对中国经济增长的影响效应。

第 9 章为价格贸易条件冲击与经常账户动态。主要是使用 B－N 分解方法对中国价格贸易条件序列进行了动态分解，从中分离出持久性成分和暂时性成分，然后，在边界检验、ARDL 模型和 VAR 模型框架下考察了两种不同成分对经常账户的作用方向、影响强度和冲击动态。

第10章为主要结论及政策建议。一方面,全面总结了本书的主要研究结论;另一方面,从争取全球治理体系话语权、增强进口商品的议价能力、培育对外贸易新型竞争力、提高自主创新能力、转变对外贸易发展方式、实现出口市场多元化、努力推进人民币的区域化和国际化发展、规范市场竞争环境、加强行业协会建设和完善关税政策和关税制度等视角提出了具体对策建议。

第 2 章

价格贸易条件相关研究文献综述

关于价格贸易条件问题的研究，早在 14 世纪重商主义学派就已经开始了。斯密、李嘉图等古典政治经济学家和罗默、卢卡斯等新经济增长理论学家都曾经从不同视角阐述过价格贸易条件问题。进入 20 世纪 90 年代中期后，学术界再次掀起了价格贸易条件研究热潮。围绕价格贸易条件这一议题，学术界和政策制定者们展开了广泛且富有成效的研究和讨论，取得了相当多的颇具代表性的研究成果。本章重点从价格贸易条件轨迹自身变动特征及其对主要宏观经济变量的作用机制、影响效果等视角对国内外有关价格贸易条件研究文献进行了系统梳理和综述。通过对前人研究成果的比较与综合，探寻本书写作视角与切入点。

本章共包括三个部分：第一部分为国外价格贸易条件研究综述，包括价格贸易条件冲击对宏观经济波动的影响研究、价格贸易条件冲击影响宏观经济的传导机制、价格贸易条件冲击的持续性测算研究、价格贸易条件与贸易收支之间影响关系研究和价格贸易条件波动性与经济增长关系的研究五个方面。第二部分为国内价格贸易条件研究综述，包括价格贸易条件均值水平变动趋势与影响因素研究、价格贸易条件波动性变化趋势与影响因素研究和价格贸易条件与经济增长互动影响关系研究三个方面。第三部分是研究文献简评。

2.1 国外价格贸易条件研究综述

2.1.1 价格贸易条件冲击对宏观经济波动的影响研究

门多撒（Mendoza，1995）研究了价格贸易条件与经济周期两者间的动态关系，他使用一个三部门跨期均衡模型证明了 G7 和 23 个发展中经济体总产出差异的一半可以归因于价格贸易条件冲击的影响。阿格诺（Age′nor，2000）等认为，价格贸易条件，尤其对以出口商品为主的发展中国家而言，是影响一国宏观经济稳定运行的重要决定因素，它不仅与产出波动高度相关，而且也对公共储蓄或私人储蓄有重要的影响。考斯（Kose，2002）使用了一个小型开放经济体实际经济周期模型研究发现，价格贸易条件冲击可以解释几乎所有的小型开放发展中经济体产出的差异。价格贸易条件冲击通过改变既定出口商品所能购买到的进口商品的数量来影响一国的产出水平。另外，价格贸易条件冲击还可以通过改变一国国内价格水平和工资收入来影响该国国内实际收入水平，并引致国内消费波动。贝克尔和莫罗（Becker，Mauro，2006）的研究发现，对发展中经济体来说，价格贸易条件的负向冲击是导致实际收入增长减少的最重要原因。他们使用 1970～2001 年间涵盖发达国家和发展中国家的多元概率模型进行定量测算，结果证实，价格贸易条件每平均恶化 10%，会导致经济年增长率降低 2.8% 左右。罗德里克（Rodrik，1999）发现，价格贸易条件每改善 1 个百分点，会提高经济增长 2～3 个百分点。

丹和丹尼尔（Dan，Daniel，2009）使用 1971～2005 年间 71 个国家的年度数据考察了价格贸易条件冲击对宏观经济波动的影响。

他们的研究结论表明：价格贸易条件冲击只与经济增长率波动之间存在着显著的正相关关系，而与通货膨胀率波动之间的关联性在统计上并不显著。这一研究结论说明，价格贸易条件冲击只在一定程度上影响产出波动，但不影响通货膨胀波动。为了进一步判断价格贸易条件冲击影响产出波动的内在机理，丹和丹尼尔（Dan, Daniel, 2009），采用分解法考察了价格贸易条件如何影响产出的不同构成成分。结论发现，价格贸易条件冲击主要影响产出中的家庭消费、出口以及进口波动。此外，他们的研究还发现，金融市场的健康发展在很大程度上减缓了价格贸易条件冲击对宏观经济波动的影响，但这主要是通过平滑家庭消费路径来实现的。夸德拉和萨博瑞亚（Cuadra, Sapriza, 2006）的实证研究还将价格贸易条件冲击与借贷升水及债务危机严重性的变化联系起来，即价格贸易条件冲击恶化导致一国借贷升水，增加该国融资成本，加剧债务危机。卡瓦列罗和帕纳根斯（Caballero, Panageas, 2003）、卡尔沃（Calvo, 2004）研究了价格贸易条件冲击与资本流动变化之间的内在联系，结果发现负向的价格贸易条件冲击加大了资本流入急剧下降和利息急剧上升的可能性，这与布罗德和蒂尔（Broda, Tille, 2003）、巴罗道（Broda, 2004）的结论大体一致，他们发现大多数的经济危机发生之前都会出现负向的价格贸易条件冲击，从而导致大量的经济波动、融资成本上升和资本外逃。

西奥和斯蒂芬（Theo, Stephen, 2008）通过在 H-L-M 效应模型中引入了一个动态成分，将经济增长、顺周期债务与价格贸易条件冲击联系起来。改进后的 H-L-M 效应模型证明，顺周期债务之所以对价格贸易条件冲击作出反应是由于债权人对未来风险认知发生了变化。由于在正向价格贸易条件冲击发生时顺周期资本流动暂时吸引了大量资本流入，使得该国家在面对负向价格贸易条件冲击时可能会作出过度调整，甚至可能会导致该国长期债务水平超调。除了债务水平发生变动外，西奥和斯蒂芬（Theo, Stephen, 2008）还发现，在消费流动变化相同的情况下，即使价格贸易条件冲击是中等程度的，也会对社会福利产生巨大的影响。例如，价格贸易条件恶化20%，可导致大约10%～15%的福利损失。巴罗道和蒂尔（Broda，Tille，2003）提供了大量的调查证明了发展中国家的价格贸易条件、债务、增长以及风险有着如何紧密的联系。

也有研究显示，价格贸易条件恶化冲击在一定条件下也可能促进经济增长。例如：卡瓦列罗（Caballero，1994）等认为，负向的贸易条件冲击如果改变了比较优势，有利于淘汰经济中的无效率企业，就会发现更多新增长机会，也会对经济增长产生积极的影响。贝尔格、奥斯特里和特梅耶尔（Berg，Ostry & Zettelmeyer，2006）证明，尽管解释能力有限，但价格贸易条件冲击可以用来解释经济增长的加速或者更高、更低水平增长出现拐点。

2.1.2 价格贸易条件冲击影响宏观经济的传导机制

格伦和德怀尔（Gruen，Dwyer，1996）以澳大利亚为研究对象，证明实际汇率的大量升值能够抵消正向贸易条件冲击对通货膨胀的影响。布兰查德和沃尔弗斯（Blanchard，Wolfers，2000）指出，一国的经济体制，包括汇率体制、货币政策体制、金融部门的发达程度以及劳动力市场的灵活性等，都会决定价格贸易条件冲击对宏观经济的影响程度。巴罗道（Broda，2004）使用后布雷顿森林体系75个发展中国家1973～1996年的样本数据，证实了1953年弗里德曼（Friedman）提出的实行灵活汇率制度的国家能够比实行固定汇率制度的国家更好地适应价格贸易条件冲击的观点。贝克（Beck，2006）等研究发现，在对外贸易开放程度高的国家，由于价格贸易条件冲击对贸易部门的影响更大、更直接，所以价格贸易条件冲击对宏观经济波动的影响会更大。

丹和丹尼尔（Dan，Daniel，2009）探究了不同的政策框架和市场结构如何影响价格贸易条件冲击传导机制。发现冲击发生时，偏向于低通货膨胀的货币政策框架更能减缓价格贸易条件冲击对宏观经济波动的影响，浮动汇率制度也是减缓价格贸易条件冲击对宏观经济波动影响的关键因素之一。爱德华兹（Edwards，2005）等指出，一国宏观经济运行对价格贸易条件冲击的调整，还取决于该国劳动力市场的相对灵活程度。如果实际工资不够灵活，那么，浮动汇率制度减缓价格贸易条件冲击对宏观经济波动影响的能力也会受到限制。西奥和斯蒂芬（Theo，Stephen，2008）研究了债务和国际资本流动如何影响价格贸易条件冲击对经济增长的传导机制。

诺伯特、埃莱奥纳拉和帕特里克（Norbert，Eleonara & Patrick，2008）研究了负向价格贸易条件冲击对宏观经济传导机理和经济增长的复苏机制，总结了经过持续的负向价格贸易条件冲击后，哪些因素可以促进经济快速复苏。他们认为，正是由于国内外经济个体在负向贸易条件冲击发生过程中，消费和投资决策的变化影响了经济增长的复苏。他们指出，及时的捐助以及制度改善，似乎特别有助于受价格贸易条件冲击后经济增长的恢复。这是因为援助可能通过提高萧条经济的总需求或者通过提高政府支出和提高投资率，在短期内对经济增长恢复起作用。但有一些在短期内起作用的因素，在中期却似乎不再起作用。例如：实际有效利率贬值在短期内可以帮助吸收负向价格贸易条件冲击，但在中期这种作用却被削减。另外，财政政策的反应在迅速恢复的国家和那些经济停滞或下降的国家中，没有太大的区别。稳健的经济政策在短期内不太重要，但中长期内是保障经济增长恢复的一个重要因素。受价格贸易条件定向冲击后，对外贸易开放度在短期内对经济增长恢复起反作用，因为价格贸易条件冲击直接导致进出口水平下降。

门多撒（Mendoza，1997）使用 40 个发达国家和发展中国家的样本研究发现，较高的价格贸易条件波动对经济增长有负面影响，并且这种影响的渠道在于价格贸易条件变动导致了储蓄的变化。罗德里克（Rodrik，1999）强调价格贸易条件冲击对经济增长影响的程度取决于冲突管理制度与价格贸易条件的互动关系。他研究了1960～1989 年间的大量样本数据，指出从制度建设完善程度来看，制度建设偏弱的国家在面对价格贸易条件冲击时，经济增长的下降更加剧烈。完善的制度有助于降低价格贸易条件冲击的破坏性。

同样地，吉斯曼诺夫斯基（Jerzmanowski，2006）使用马尔科夫转移（Markow-switching）模型，研究了89个国家1962～1994年间的样本数据，结果发现正在经历增长制度转型的国家（包括增长奇迹、停滞和危机）其价格贸易条件冲击的破坏程度，主要取决于制度供给的质量。良好的制度由于使得快速增长更具有持续性，从而更有助于国家低于外部的价格贸易条件冲击。

2.1.3　价格贸易条件冲击的持续性测算研究

奥伯斯法尔德（Obstfeld，1982）研究发现，如果价格贸易条件冲击是典型的短期冲击的话，则可以通过改变国内储蓄或国际资本借贷来平滑国民消费路径。但是，如果价格贸易条件冲击是典型的长期冲击，那么，反周期经济政策将有很小的机会获得成功，一国应该将消费调整到改变后的永久收入水平。

斯帕塔福拉和瓦纳（Spatafora，Warner，2006）认为，区分持久的和暂时的、可预期的和不可预期的价格贸易条件变化极为重要。持久的价格贸易条件冲击对储蓄无影响，对投资却产生很强的正面影响，对经常账户有负面影响，而对产出尤其是非贸易品生产有长期影响。暂时的价格贸易条件冲击，可能会导致消费和投资的跨期替代，而不太可能引起产出的永久变化。

保罗（Paul，2004）等使用1960～1996年的年度价格贸易条件数据，采用中位数无偏估计方法测算了42个非洲国家的价格贸易条件冲击半衰期。结果显示，跨国平均价格贸易条件冲击半衰期是6年。另外，研究还发现，不同的非洲国家间的价格贸易条件冲击持续性差别很大，大约有一半的国家价格贸易条件冲击半衰期是短期的（少于4年），而1/3的国家的价格贸易条件冲击半衰期是长期的（永久性）。大多数非洲国家的价格贸易条件经历了有限的持续（短暂）冲击，这与他们价格贸易条件轨迹变化所表现出的快速均值回复特征相一致。

芬克（Funke，2008）等分析了 159 个经济体 1970～2006 年的年度价格贸易条件数据，从更长的时间范围来关注持续的价格贸易条件冲击。其做法是令 t 为冲击期，假若 t−4 期到 t 期这 5 年的价格贸易条件均值与 t+1 期和 t+5 期的均值相比有差异，则认为这个价格贸易条件冲击是持续的。最终得出结论：与发达国家相比，持续的价格贸易条件冲击更频繁地发生在发展中国家。

2.1.4　价格贸易条件与贸易收支之间影响关系研究

自哈伯格（Harberger，1950）、劳尔森和梅茨勒（Laursen，Metzler，1950）以来，有大量文献探讨了一国价格贸易条件外生变化对贸易收支的动态影响效应。它们都证明了对于小型开放经济体来说，价格贸易条件的上升（下降）会导致一国贸易收支的改善（恶化），也就是著名的哈伯格—劳尔森—梅茨勒（Harberger − Laursen − Metzler，HLM）效应。HLM 效应最初起源于收入—支出模型。但是到了 20 世纪 80 年代，出现了经常账户的完美预期跨期模型后，开始有一大批文献致力于建立 HLM 效应的微观基础。例如，奥伯斯法尔德（Obstfeld，1982）、斯文松和拉津（Svensson，Razin，1983）、佩尔松和斯文松（Persson，Svensson，1985）。后来有许多学者，包括巴科斯（Backus，1992，1993，1994）、门多撒（Mendoza，1992，1995）开始使用随机动态一般均衡模型来分析价格贸易条件与贸易收支二者之间的关系。

奥斯特里（Ostry，1988）在完美预期模型框架内研究了价格贸易条件与贸易收支之间的影响关系，其得出的主要结论是二者之间影响关系取决于价格贸易条件冲击的持续性。与奥斯特里（Ostry，1988）类似，其他的基于确定性完美预期框架的研究文献显示，价格贸易条件冲击的持续性以及时间偏好率和未来效用之间的关系是主宰贸易收支与价格贸易条件影响关系的主要因素。但巴科斯（Backus，1993）却认为，基于确定性完美预期框架所得出的那些结论都依赖于模型的确定性本质。他发现，在一个随机环境中，市场完善程度是决定价格贸易条件与贸易收支关系的关键性因素。如果市场是完善的，那么价格贸易条件与贸易收支间的联动就取决于价格贸易条件的动态特性，而不是偏好、技术参数。

奥托（Otto，2003）使用结构向量自回归模型考察了大量小型开放经济体的贸易收支是否对价格贸易条件冲击存在一致的反应模式，得出两点结论：第一，数据强烈支持 HLM 效应是存在的。正向价格贸易条件冲击的一个最迅速的效应就是贸易收支的改善。第二，暗含在结构向量自回归模型中的贸易收支和实际收入对价格贸易条件冲击的反应与门多撒（Mendoza，1995）通过模拟一个小型开放经济体的动态随机均衡模型所得到的结论完全一致。汪（Wong，2006）采用约翰森（Johansen）协整方法检验了马来西亚贸易收支与价格贸易条件之间的长期均衡关系。结果发现，贸易收支与商品价格贸易条件之间存在长期关系，但与收入贸易条件之间却不存在长期关系。商品价格贸易条件与收入贸易条件都分别是贸易收支改善的格兰杰原因。

2.1.5　价格贸易条件波动性与经济增长关系的研究

20 世纪 90 年代中期以后，西方经济学家陆续开始关注价格贸易条件的波动性与经济增长的关系。绝大多数研究都表明：价格贸易条件的波动性越大，对经济增长的负面影响也越大。巴克尔（Buckle，2002）等使用结构性向量自回归模型研究了价格贸易条件波动对新西兰经济周期波动的影响。结果发现：1900～1979 年出口价格波动性对经济周期波动性的贡献较大，而 1980～2005 年进口价格波动性的贡献则更大。

福克斯（Fox，2003）等使用修正的 Diewert - Morrison 分解方

法考察了 1983～2001 年间全要素生产率增长、劳动和资本利用、价格贸易条件以及贸易收支分别对新西兰经济增长的贡献。结果发现，虽然价格贸易条件不是这段时期对经济增长贡献最大的因素，但价格贸易条件变动显著影响经济增长。格赖姆斯（Grimes，2006）研究了价格贸易条件趋势及其波动性对新西兰经济增长的影响。得出的结论是，价格贸易条件趋势变化与经济增长正相关，而价格贸易条件波动性变化与经济增长负相关。菲利普（Philip，2006）研究了新西兰贸易条件的演进过程，结果发现 1950～2005 年价格贸易条件的波动性对新西兰经济增长具有负面影响。

2.2　国内价格贸易条件研究综述

中国是以出口低技术含量工业制成品为主的发展中贸易大国。改革开放至今，已连续 37 年实现经济快速增长，年均增长率高达 9.9%。对外贸易依存度自 2005 年首次突破 63% 后，始终处于高位运行。对于这样一个发展中的贸易大国，价格贸易条件冲击对宏观经济运行产生的影响不可小视。本节对国内在价格贸易条件研究方面的文献进行了系统的梳理和总结，发现国内学者对中国价格贸易条件的研究主要集中于以下三个方面：

2.2.1　价格贸易条件均值水平变动趋势与影响因素研究

国内学者采用不同的年度数据和季度数据考察了中国价格贸易条件的长期变动趋势，结果一致认为中国价格贸易条件长期趋于恶化态势。赵玉敏、郭培兴（2002）研究了 1993～2000 年中国价格贸易条件路径的长期变动走势，结果发现，以 1995 年为基期计算，中国整体价格贸易条件下降了约 13%。下降的主要原因是，由进出口商品结构、加工贸易规模、外贸与外汇体制、外商直接投资和国际市场动荡等因素综合变化引起的。但价格贸易条件走势也并非一直恶化，其中制成品价格贸易条件在1994年上升，初级产品价格贸易条件在1997年上升，在二者的共同带动下，中国整体价格贸易条件出现了阶段性改善。

张建华、刘庆玉（2004）探讨了影响价格贸易条件恶化的几个直观因素，包括：进出口商品的市场组织状况、进出口商品的需求状况、汇率和进出口商品的构成状况等，并使用回归分析方法验证中国价格贸易条件变化的很大一部分，可以由上述因素的变化来解释。林丽、张素芳（2005）整理了《中国海关统计年鉴》《中国对外经济贸易年鉴》《商品名称及编码协调制度》《中国统计年鉴》中的相关数据，分析了1994~2002年中国价格贸易条件的变化趋势，发现九年间中国出口价格指数下降了11%，而进口价格指数上升了41%，二者综合导致中国总体价格贸易条件下降了37%。国内需求增长、出口企业恶性价格竞争以及外商投资企业的"价格转移"等是促使中国价格贸易条件恶化的主要诱因。

王贵彬（2005）使用1993~2004年海关统计数据，得出如下结论：尽管中国经济持续高速增长，对外贸易规模不断扩大，但价格贸易条件却持续恶化。价格贸易条件长期恶化的原因，主要是以下三方面因素共同作用的结果：一是三资企业主导下的进出口价格变化；二是跨国公司垄断优势在中国得到人为强化；三是跨国公司内部化行为在中国进出口价格上的体现。查贵勇（2005）研究了人民币实际汇率与价格贸易条件之间的关系，结果表明：人民币实际汇率变动与价格贸易条件变化之间存在显著的正相关关系，人民币实际汇率升值则价格贸易条件改善；相反，人民币实际汇率贬值则价格贸易条件恶化。

陈虹（2006）从内外两个视角考察了影响中国价格贸易条件变动的因素。其中，内部因素包括：经济的高速增长、进出口产品的结构及变化、加工贸易的快速发展、国内出口产业竞争激烈程度、外贸依存度偏高以及货币汇率的扭曲等。外部因素包括：劳动密集型产品的国际需求减少；发达国家科技进步；贸易壁垒和贸易保护日益加重等。崔津渡、李诚邦（2006）研究发现，由于进口商品价格上涨、出口价格下跌、进出口结构变化、跨国公司转移定价以及出口企业同质恶性竞争等复杂因素的存在，导致中国1995～2005年间的价格贸易条件曲线呈现明显的恶化态势。

韩青（2007）对1980～2005年影响中国价格贸易条件变动的因素进行了脉冲响应分析和方差分解。结果表明：初级产品进口、实际汇率、贸易收支和工业制成品出口都是导致中国贸易条件恶化的主要因素，其中，工业制成品出口是最主要的诱因之一。陈林（2007）把中国价格贸易条件演变路径概括为：从20世纪80年代中后期开始，中国价格贸易条件发生比较严重的恶化，而到了90年代有所改善，进入21世纪后又继续呈现恶化趋势。造成中国价格贸易条件曲折演进路径的原因是多方面的，主要包括中国在国际分工体系中的比较优势地位仍然处于低端；中国外贸出口发展增量不增价；相关法律法规建设滞后；跨国公司普遍采取"转移价格"策略等。另外，进出口商会、外贸行业协会、中介咨询机构等组织未起到应有的作用，也是导致中国外贸条件恶化的因素之一。

姚旦杰（2008）研究显示：产业结构、外商直接投资及汇率很好地解释了1981～2006年中国初级产品和工业制成品价格贸易条件的变动。李平、辛佳（2008）选择1983年价格为基期研究发现，中国价格贸易条件在1983～2006年间呈现震荡下降，总体上趋于恶化。其中，1983～1985年间，价格贸易条件下降幅度较大，由1983年的100降至1985年的75.05。整个时间段内，只有1988～1991年间价格贸易条件出现过短暂的改善，而在其他时间段，中国贸易条件均呈现较为明显的恶化趋势。

李汉君、孙旭（2009）测算1981～2007年中国价格贸易条件变动趋势后发现：无论是总体价格贸易条件还是初级产品价格贸易条件和工业制成品价格贸易条件都呈现出下降态势，三者年均下降速度分别为4.6%、2.6%与5.1%。更为重要的是，中国价格贸易条件变动与工业制成品的出口比例之间存在一个稳健的负相关关系。长期来看，工业制成品出口比例每增加1%，中国价格贸易条件就会恶化1.616%。由此可见，工业制成品价格贸易条件下降是中国整体价格贸易条件恶化的主要动因。张先锋、那明（2009）运用1981～2006年的时间序列数据，从内外部均衡的视角使用协整检验等计量方法对中国货物及工业制成品价格贸易条件恶化的影响因素进行了实证分析。结果发现：人民币汇率被低估、实际资本存量的快速增加和国内生产对国际市场的依赖程度不断加深，是导致中国贸易条件恶化的格兰杰原因。

张曙霄、郭沛（2009）运用脉冲响应函数及方差分解方法，使用2001～2008年期间的季度数据，分析了中国总体价格贸易条件、初级产品价格贸易条件和工业制成品价格贸易条件的变化趋势，并进一步研究了中国价格贸易条件与出口商品结构之间的关系。研究结果显示：工业制成品出口比重增加是导致中国总体价格贸易条件出现恶化的最重要原因；燃料在初级产品出口中的比重增加，对中国初级产品价格贸易条件的恶化负主要责任；电子产品在工业制成品出口比重中的增加及纺织服装类产品在工业制成品出口比重中的减少，则对中国工业制成品价格贸易条件起改善作用。

王军霞、沈唯洁（2010）以1995年为基期，研究发现1995～2006年间，中国价格贸易条件呈总体下降态势。除了1996年以外，中国价格贸易条件一直处于极低的水平，价格贸易条件恶化的趋势始终没有转变。价格贸易条件之所以出现下降的原因则包括：加工贸易快速发展、进出口产品的结构变化、国内出口产业之间的过度竞争、出口市场过于集中、人民币持续升值等。张祎、钦晓霞（2011）运用2001～2008年中国1149种进出口商品的数据计算了各类商品的价格贸易条件指数，结果发现中国农产品类商品、劳动密集型商品、资源类商品以及技术密集型商品的价格贸易条件均呈不断恶化趋势，只有资本密集型商品的价格贸易条件是改善的。

2.2.2　价格贸易条件波动性变化趋势与影响因素研究

　　国内学术界对价格贸易条件波动性的研究起步相对较晚，研究成果相对较少。黄满盈（2008）采用巴克斯特（Baxter，2006）等提出的价格贸易条件波动计算方法，利用方差分解技术，从进出口商品结构和国别两个视角考察了中国价格贸易条件波动特点及内在成因。研究结论显示：1987～2006 年间，中国整体价格贸易条件年均波动在 9% 左右，这其中初级产品价格贸易条件年均波动为 11.5%，制成品价格贸易条件年均波动为 9.9%。在制成品当中，高技术制成品的价格贸易条件波动最大，年均波动高达 66.8%。而资源型制成品、中技术制成品和低技术制成品价格贸易条件也呈现出较高的波动性，年均波动分别为 15.1%、16.4% 和 23.2%。从进出口商品结构的视角来看，造成中国整体价格贸易条件波动的主要原因是低技术产品出口份额偏大、中技术产品的进口份额偏大和中技术产品进出口贸易发展的不均衡。另外，基于国别视角的研究结论显示：中国整体价格贸易条件波动的原因来自两个方面：一方面，中国对美国的价格贸易条件波动较大；另一方面，中国对美国和日本市场的依赖性过强。

　　黄满盈（2009）还研究了不同时期中国同欧盟、美国和日本等主要贸易伙伴间的价格贸易条件的波动态势与成因，结果发现，在影响中国同美国、日本、欧盟等的价格贸易条件波动诸多原因中，有一个关键的共性因素，就是中技术产品进出口贸易失衡严重（突出表现为进口大于出口）。据此，她提出要改善中技术产品贸易不平衡局面，具体的措施包括提高技术引进消化和吸收能力；采取有效的金融财政政策促进中技术产品出口和进口多元化发展等。黄满盈（2009）还重点考察了中国同韩国的价格贸易条件波动情况的变化趋势，得出了三点经验结论：一是，1992～2006 年，中国与韩国的整体价格贸易条件、制成品价格贸易条件和初级产品价格贸易条件都出现了不同程度的恶化趋势；二是对价格贸易条件波动性分阶段考察的结果显示，在中国加入 WTO 前后，中国与韩国无论是整体价格贸易条件还是分类商品价格贸易条件，其波动性都是下降的；三是中国与韩国价格贸易条件的波动，受三方面因素影响，要想降低中国与韩国价格贸易条件波动的核心在于抑制高技术制成品价格贸易条件的波动性。

孙伟忠（2008）运用 1981～2004 年间中国价格贸易条件和经济增长率的数据，使用格赖姆斯（Grimes，2006）提出的模型和多元回归方法，实证分析了中国价格贸易条件波动性对经济增长的影响。研究结果证实：中国价格贸易条件波动性对经济增长的影响并不显著。同时他还发现，投资活动是价格贸易条件波动性与经济增长之间联系的主要传导途径。张昱、赵莹芳（2009）使用 1995～2006 年间中国价格贸易条件指数数据，对中国"入世"前后价格贸易条件的变化趋势和波动性进行了对比分析，研究显示："入世"后中国整体价格贸易条件以及大部分分类商品价格贸易条件的波动性都明显大于"入世"前。这一结论对继续研究"入世"对中国贸易利益和国民社会福利的影响，具有重要的现实意义。

2.2.3　价格贸易条件与经济增长互动影响关系研究

一、"贫困化增长"争论

与学术界一致认为的中国价格贸易条件长期恶化的研究结论不同，国内学者对中国是否出现"贫困化增长"现象存在着较大争议。一部分学者认为，中国符合发生"贫困化增长"的前提条件，已出现"贫困化增长"迹象。例如：廖发达（1996）研究指出，外贸超前粗放增长，贸易拉动经济机制不健全和传导渠道的中断使中国经济不仅没有踏上贸易—经济—赶超良性发展路径，相反，还掉入了"贫困化增长"陷阱。

龚家友、钱学锋（2003）实证分析后发现，由于贸易体制改革的不彻底性以及出口商品结构与国内产业结构发生偏离，使得中国经济发展陷入"贫困化增长"陷阱危险的可能性增大。为了规避可能出现的"贫困化增长"危机，他们提出以培育竞争优势为导向的新贸易发展战略。林建红、徐元康（2003）也认为，中国外贸长期遵循传统的比较优势战略，虽然取得了一些经济剩余，但也出现价格贸易条件恶化和"贫困化增长"等不利局面。这是因为传统的比较优势战略忽略了产业结构调整、制度创新和技术进步等动态贸易利益。因此，中国应尽快实现从比较优势战略向竞争优势战略的转变。

彭艳睿（2004）分析了1980～2001年间中国价格贸易条件的变化趋势，并逐一对比巴格瓦蒂提出的"贫困化增长"理论的四个条件，认为至少从宏观层面来看中国存在出口"贫困化增长"的趋势。林林、周觉和林豆豆（2005）通过分析1980～2003年的数据后发现，中国国民经济的增长依赖于出口，外贸依存度不断增加，而出口急剧扩张导致出口价格下降，并且中国已成为全球进出口贸易大国，完全符合"贫困化增长"情形的四个前提条件，很可能出现"贫困化增长"现象。

邓志新（2009）依据中国"价格贸易条件和要素贸易条件恶化，收入贸易条件表面改善，但实际也存在恶化可能"的特征，从国民福利标准视角研判中国面临"贫困化增长"陷阱。并指出从长期来看，如果放任这种现象自由发展，则"贫困化增长"必将成为现实。邓建勇、郑敏（2010）认为，中国的出口贸易已经出现"贫困化增长"迹象，原因有二：其一，中国对外贸易增长的内在动力转换不到位，外贸结构、产业结构和国内需求结构之间的互动关系较弱。其二，外贸经营体制尚未完全彻底转换，外贸经营权限还没有完全彻底放开。曾错、陈程和湛泳（2010）认为，虽然2005年中国GDP值与1978年相比增长了50多倍，而且对外贸易的增长速度超过了GDP的增长速度，但"贫困化增长"问题仍不可忽视。刘丽杰（2010）指出，对外贸易虽然已成为拉动中国经济高速增长的重要引擎，但进出口结构低和加工贸易增值链短等现实困境依然存在，中国对外贸易产业竞争力尚未实现实质性转变。单从产业竞争力角度看，中国的对外贸易发展处于"贫困化增长"阶段，或者说至少面临"贫困化增长"威胁。

但也有诸多学者持相反的意见，认为目前中国并没有出现所谓的"贫困化增长"现象。代表性的研究成果有：张韧（2006）研究发现，1985～2003年这19年间中国价格贸易条件虽然呈明显的恶化趋势，但其与经济增长的收益相比所占的比例很少，从而可以推断价格贸易条件恶化对中国经济社会福利的影响甚微，中国并没有发生"贫困化增长"。林桂军、张玉芹（2007）运用拉氏价格指数公式，以1995年为基期，计算了1995～2004年间中国的价格贸易条件，发现除1997年价格贸易条件略有改善之外，其他时间段中国价格贸易条件总体上表现为逐年恶化的态势。在研究经济福利的变化以后，认为中国并没有出现"贫困化增长"现象，但是贫困化增长问题值得我们重视。

翁凌峻（2008）对1990～2007年间中国价格贸易条件指数轨迹进行了实证分析，证实中国价格贸易条件长期呈恶化趋势，但中国还没有出现"贫困化增长"现象。但需要说明的是，中国依然无法摆脱"贫困化增长"所带来的经济社会福利损失。同样的，曹一（2008）研究了1981～2005年间中国价格贸易条件的长期变动趋势后发现：对外贸易的快速增长虽然导致了价格贸易条件的恶化，但无论是从实际GDP来看，还是从人均消费支出水平来看，中国均未出现"贫困化增长"现象。王信、林艳红（2008）认为，鉴于出口数量快速扩张、加工贸易在外贸中占主导以及外商投资企业承担了部分负面影响，中国价格贸易条件恶化并没有导致国民实际收入下降，即并未出现"贫困化增长"。但如果价格贸易条件持续恶化，出口部门的收入就有可能下降。另外，由于经济中仍存在不少扭曲现象，这会导致国民收入增长过慢和社会福利损失，甚至会出现"贫困化增长"。

二、价格贸易条件与经济增长因果影响关系检验

目前，在价格贸易条件与经济增长二者之间的影响关系上，国内学者们也未达成一致意见。有学者支持价格贸易条件对经济增长产生显著影响。例如，孙伟忠（2009）使用 1995～2007 年的季度数据研究发现，中国价格贸易条件不仅总体上处于恶化趋势，而且这种恶化趋势对中国经济增长已形成了显著的负向影响。假如价格贸易条件继续恶化，则势必会给中国经济发展带来较为严重的冲击。李南、王慧（2011）运用协整分析和格兰杰因果关系检验等方法，研究了 1981～2007 年间中国价格贸易条件的均值水平及波动性对经济增长的影响。得出了三点结论：首先，中国价格贸易条件均值水平的高与低及其波动性的大与小与经济增长之间存在着稳定的长期均衡影响关系。其次，中国价格贸易条件波动性与经济增长之间存在明显的负相关关系，但影响程度相对较低。最后，价格贸易条件恶化是促进经济增长的格兰杰原因，而经济增长却不是导致价格贸易条件恶化的格兰杰原因。

也有学者持不同的意见，他们要么认为价格贸易条件与中国经济增长之间存在相互影响关系，要么认为经济增长是导致价格贸易条件恶化的原因。例如：张韧（2009）使用 1985～2003 年间中国价格贸易条件指数和实际 GDP 两个序列研究了价格贸易条件与经济增长之间的影响关系。结论显示：经济增长是导致价格贸易条件恶化的主要原因，而价格贸易条件恶化并不是促进经济增长的主要原因。王莹（2008）采用协整分析和格兰杰因果关系检验方法使用 1981～2006 年间中国实际国内生产总值和价格贸易条件指数数据，考察了经济增长和价格贸易条件的影响关系。研究结果表明：从长期来看，中国价格贸易条件与经济增长之间存在唯一的协整关系，即它们之间存在稳定的长期均衡关系。格兰杰检验证实：中国经济的高速增长对价格贸易条件恶化会产生显著影响，而价格贸易条件恶化对经济增长的影响却并不显著。这意味着，价格贸易条件恶化与经济增长之间并不存在双向反馈机制。石林梅、李倩倩（2009）基于1981~2006年的年度数据进行实证分析得到了类似的结论：即价格贸易条件与中国经济增长之间存在长期稳定的协整关系，经济增长对价格贸易条件恶化具有显著的格兰杰影响，但价格贸易条件恶化对经济增长的格兰杰影响却不显著。

2.3　研究文献简评

对比国内外价格贸易条件的研究现状后容易看出，这一重要学术领域还存在如下研究不足和有待改进的地方：

首先，从国外的研究情况来看，学术界从理论和实证两个层面，对价格贸易条件的变化趋势、影响效果和传导机制等问题进行了深入研究。但必须说明的是，这些研究成果绝大多数是基于跨国数据得到的。而以某一特定国家为考察对象，系统考察价格贸易条件变化趋势、影响效果和传导机制的文献相对较少。

其次，从国内的研究现状来看，学术界对中国价格贸易条件的研究视角主要侧重于长期变化趋势及影响因素、波动性和是否陷入"贫困化增长"等方面。直接考察价格贸易条件影响经济增长的传导机制和测度价格贸易条件冲击的持久性等问题的研究文献并不多见，更不系统。

再次，从研究方法上来看，国内学者在考察中国价格贸易条件波动性时，主要采用标准差等静态计算方法来度量波动性。这不利于刻画中国价格贸易条件波动性的动态发展趋势和特征。

最后，从数据获取方面来看，由于中国相关机构尚未正式公布价格贸易条件指数数据，所以大多数国内学者只能依靠指数计算公式自己计算中国价格贸易条件指数。这样一来，在数据指标的选择和计算过程中可能会产生一定的偏倚。以上国内外研究的不足，正是本书写作的切入点与突破口。

第 3 章

价格贸易条件理论演进

价格贸易条件相关理论研究由来已久、争鸣不休、发展不止。基于不同的研究主体和不同的假设条件，衍生了许多不同的价格贸易条件理论。本章以古典国际贸易理论为基础，重点论述了基于发达国家的古典价格贸易条件理论、基于发展中国家的普雷维什—辛格命题以及基于发展中大国的贫困化增长理论等三个颇具影响的价格贸易条件理论。并研究比较了要素累积型经济增长与技术进步型经济增长对价格贸易条件的不同影响。

3.1 古典价格贸易条件理论

3.1.1 价格贸易条件的提出

人们对价格贸易条件问题的研究，最早可以追溯到亚当·斯密（Adam Smith）在《国富论》中所阐述的绝对成本贸易理论。随后，大卫·李嘉图（David Ricardo）对其原理进行了一定的扩展，提出

"比较成本理论",认为国际贸易的基础在于各国具有的相对优势。即使一国生产不出成本绝对低的商品,但只要其能够生产出成本相对低的商品,就可以参与国际贸易,并获得相应的贸易利益。他在一个国际贸易经典案例中提出了"价格贸易条件"的概念。

假设英国和葡萄牙都生产毛呢和酒,但劳动生产率不同,每单位产品所花费的劳动量,如表3-1所示。

表3-1　　　　　国际分工前两国生产单位产品所需劳动量

	一单位毛呢	一单位酒
葡萄牙	90 人/年	80 人/年
英国	100 人/年	120 人/年

可以看出,葡萄牙生产毛呢和酒的成本均低于英国,具有绝对优势地位。进一步分析发现,葡萄牙生产毛呢的成本是英国的90%,而生产酒的成本是英国的66%,因此,葡萄牙在生产酒方面更有优势。英国生产毛呢的成本是葡萄牙的1.1倍,生产酒的成本是葡萄牙的1.5倍,因此,英国应生产毛呢。如果按照比较优势进行国际分工,可以提高世界总产量,见表3-2。

表3-2　　　　　国际分工后两国所得产品的产量

	毛呢	酒
葡萄牙		(90+80)/80 人 = 2.125
英国	(100+120)/100 = 2.2	

至于两国从贸易中分别获益多少,则取决于这两种商品的交换比例,即两者的价格贸易条件。假定交换比例为1:1,按照这一价格贸易条件,如果葡萄牙用1.1单位酒与英国1.1单位毛呢相交换,则两国所得的贸易利益,见表3-3,即:葡萄牙将增加0.1单位毛呢和0.025单位酒,而英国则增加0.1单位毛呢和0.1单位酒。

表 3 - 3 交换后贸易利益

	英国		葡萄牙	
	分工前	分工后	分工前	分工后
毛呢	1 单位	1.1 单位	1 单位	1.1 单位
酒	1 单位	1.1 单位	1 单位	1.025 单位

资料来源：焦军普. 国际经济学, 机械工业出版社, 2008.

李嘉图虽然提出了"价格贸易条件"的概念，但是，他只是确定了价格贸易条件的上下限，并没有说明参与贸易的两个国家究竟应该按照什么样的比价来交换商品，对价格贸易条件问题还缺乏深入的研究。

3.1.2 价格贸易条件的确定

1848 年，约翰·穆勒（John Mill）在其代表作《政治经济学原理》中提出"相互需求学说"（Reciprocal Demand Doctrine），认为：比较成本理论仅从供给方面分析国际分工及贸易利益是不全面的，还应对需求的影响进行分析，强化需求因素对国际贸易的作用，这样才能确定国际商品的交换比例，才能解决价格贸易条件的确定问题。

穆勒假定，英国生产 10 码毛呢所消耗的劳动与生产 15 码麻布所消耗的劳动相等，德国生产 10 码毛呢所消耗的劳动与生产 20 码麻布所消耗的劳动相等。于是，在英国两种商品的国内交换比率是 10：15；在德国的交换比率是 10：20。按照比较成本理论，英国应出口毛呢，德国应出口麻布。但只有当英国用 10 码毛呢能换到 15 码以上的麻布和德国用少于 20 码的麻布能换到 10 码毛呢时，双方才可能通过交换都获得贸易利益，如表 3 - 4 所示。也就是说，交换比价应确定在 10：15 和 10：20 之间。交换比价越接近本国国内交换比例，对本国越不利；反之对本国则越有利。

表 3-4　　　　　　　　英国和德国的单位劳动投入产出水平

	英国	德国
毛呢/码	10	10
麻布/码	15	20
国内交换比率	10∶15	10∶20

资料来源：焦军普．国际经济学，机械工业出版社，2008.

　　至于交换比例应该确定为多少才合适，穆勒假设初始均衡交换比例是 10∶17，即英国需 17000 码麻布，德国需 10000 码毛呢，这时两国的相互需求使双方收支平衡，共享贸易利益。如果英国认为 10∶17 的比例太高，将麻布的需求量降低为 800×17 码，从而只出口 800×10 码毛呢，而德国对毛呢的需求量没变，只好提高毛呢的价格来吸收尚未获得的 2000 码毛呢。同时，降低麻布的价格以刺激英国对麻布的需求。

　　假设新的交换比例确定为 10∶18，此时英国因麻布价格便宜便会增加对它的需求，而德国则因毛呢价格高而减少对它的需求。假定英国购买 900×18 码麻布，德国购买 900×10 码毛呢。双方的需求等于供给，市场将重新获得均衡。并且，英国由于对德国出口产品——麻布的需求减少使均衡交换比例由 10∶17 变为 10∶18，改善了本国的价格贸易条件。

　　所以，国际商品的价值应取决于为得到该商品所必须支付给外国的本国产品的数量，也就是说，价格贸易条件应该等于双方相互需求对方产品总量的比例才能使两国贸易达到均衡，从而解释了自由贸易条件下均衡价格贸易条件的确定问题。穆勒将其称为"国际需求方程式"或"国际价值法则"。

　　但"相互需求学说"也存在两方面的局限性。第一，它以两国间贸易平衡作为价格贸易条件确定的前提，但现实中贸易平衡的实现并不容易。第二，它只适用于两国经济规模相当和需求强度一致的情况。如果两国经济规模相差悬殊，小国的相对需求强度必然比不上大国的相对需求强度，大国的国内交换比例就会成为国际市场的价格贸易条件，在这种前提下，小国反而获益更多，这个结论明显与现实相悖。

3.1.3　价格贸易条件的几何分析——提供曲线

英国新古典经济学创始人阿尔弗里德·马歇尔（Alfred Marshall）对穆勒的"相互需求学说"进行了补充。他用几何图形进一步论证了价格贸易条件的界限。假定小麦（W）和呢绒（C）的交换比例在美国是 2:1，在英国是 1/2:1。因此，英国应该出口呢绒，美国则应出口小麦。如图 3-1 所示，两条从原点所做的射线是两国国内的产品交换比例，分别决定了价格贸易条件的上下限。两条射线之间的区域为交换区域或互利贸易区域，只要价格贸易条件在这个区域内，两国都能从贸易中获益，一旦超出这个界限，贸易便不会发生。

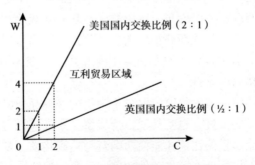

图 3-1　价格贸易条件的上下限

资料来源：阿尔弗里德·马歇尔. 货币、信用与商业，商务印书馆，1986.

价格贸易条件线越是靠近对方国内的交换比例线时，本国所能分享的贸易利益比重就越大，见图 3-2。在图 3-2 的左图中，从 T1 线至 T2 线，英国获益逐渐增大。而在图 3-2 的右图中，从 T1

线到 T2 线，美国获益将越来越大。

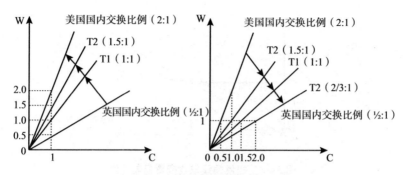

图 3 - 2 贸易条件与贸易利益分配

资料来源：阿尔弗里德·马歇尔. 货币、信用与商业，商务印书馆，1986.

另外，由于穆勒的相互需求原理仅限于探讨需求因素，马歇尔又将其学说进行了发展。他将供给与需求结合起来，提出"提供曲线"概念，利用这个分析工具进一步研究了价格贸易条件和贸易利益分配的问题。

提供曲线又称相互需求曲线，是表示一国价格贸易条件的曲线，反映了在不同相对价格水平上，一国在某一产品进口量上所愿意提供的出口产品量的轨迹（焦军普，2008）。两国提供曲线的交汇点所决定的价格，就是均衡的价格贸易条件。如图 3 - 3 所示，OA 是 A 国的提供曲线，OB 是 B 国的提供曲线，两国提供曲线的交点 E 是均衡点，从原点引出经过 E 点的射线 OT，就是均衡价格贸易条件线。

马歇尔所绘制的提供曲线能够说明供求情况的变动对于价格贸易条件和贸易数量的影响问题，丰富了价格贸易条件的研究内容，对国际贸易理论的深入发展有积极的影响。但他的分析主要是对穆勒相互需求学说的补充和发展，缺乏创新之处。此外，利用提供曲线的前提是"物物交换下供给等于需求"，根据提供曲线研究贸易条件只适用于抽象的理论分析，不能具体地、定量地得到一国一定时期价格贸易条件的变化情况。

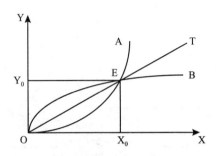

图 3-3　提供曲线与均衡贸易条件线

3.1.4　古典价格贸易条件理论分析

图 3-4 为古典国际贸易理论中封闭条件下的一般均衡,在封闭的经济中,当该国的生产可能性曲线、价格贸易条件线以及社会无差异曲线相切于 E 点时,该国在封闭的经济条件下实现了均衡。此时,E 点既是生产点,也是消费点,国内的供给等于需求,实现了内部经济的均衡。

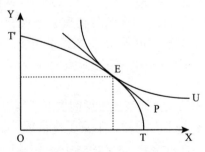

图 3-4　封闭条件下的一般均衡

图 3-5 为古典国际贸易理论中开放条件下的一般均衡,国内

生产的均衡点为价格贸易条件线与生产可能性曲线的切点 Q，消费均衡点为价格贸易条件线与社会无差异曲线的切点 C，实现了开放经济条件下的一般均衡。

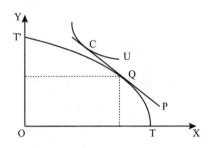

图 3 - 5　开放条件下的一般均衡

　　在确定了一国在封闭条件下与开放条件下的一般均衡之后，古典贸易理论学者还通过贸易前后一国福利水平的变化来判断贸易利益是否存在，以及国际贸易是否为一种互利的行为。如图 3 - 6 所示：

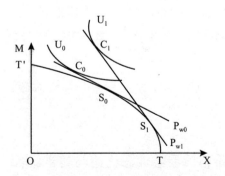

图 3 - 6　开放经济条件下价格贸易条件与福利水平

　　在图 3 - 6 中，TT′ 表示生产可能性曲线，本国（小国）出口

X 商品，进口 M 商品，国际市场上的价格贸易条件为 $Pw_0 = Px/Pm$，在 S_0 点生产，C_0 点消费，本国可以达到社会无差异曲线 U_0 所代表的社会福利水平。当国际市场价格贸易条件上升为 $Pw_1 = Px_1/Pm_1$ 时，本国的生产会由 S_0 增加至 S_1，消费由 C_0 提高到 C_1，而福利也将提高到 U_1 所代表的更高的社会福利水平上。可见，当一国出口商品相对于进口商品的价格贸易条件提高时，其所获得的社会福利水平越高。

根据传统的国际贸易理论，古典经济学家认为，初级产品的生产依赖土地和矿产品等。土地资源是有限的，随着人口增长和资本积累增加，土地和土地产品的价格应呈不断上升趋势。另外，那些不可再生的地下矿产资源随着人们不断地开采，也会出现供不应求的局面。依照要素报酬递减的规律，初级产品的价格应该持续上升。而工业制成品在规模经济和技术进步等因素的推动下，具有报酬递增性质，其价格应逐渐下降。这意味着，从长期来看，初级产品的价格及其价格贸易条件相对于工业制成品而言应该不断上升，初级产品出口国也应通过自由贸易而获益。

但之后价格贸易条件恶化论和普雷维什—辛格命题的提出，却给长期居于主导地位的经典国际贸易理论带来严峻挑战，引起经济学家对发展中国家贸易条件问题的普遍关注和广泛研究。

3.2　普雷维什—辛格命题

3.2.1　价格贸易条件恶化论与普雷维什—辛格命题

1949 年 5 月，阿根廷著名经济学家劳尔·普雷维什（Raul Prebisch）考察了英国 1876～1947 年间（1876～1880 年的价格指数为 100）进出口商品的平均价格指数。由于英国当时是以进口初级产品、出口工业制成品为主的贸易大国，所以可以用它们近似代替这一时期初级产品与工业制成品的国际市场价格。普雷维什发现，在 20 世纪 30 年代，一定数量的初级产品所能购买到的制成品只相当于同样数量的初级产品在 19 世纪 70 年代所能购买到的制成品数量的 64.1%，初级产品相对于工业制成品的价格贸易条件下降了35.9%。

据此，他认为，初级产品的价格贸易条件非但不像传统贸易理论所描述的那样不断上升，并且在实际中还表现为不断恶化的趋势，使得那些以初级产品出口为主的国家在贸易中的劣势愈发明显。由于绝大多数出口初级产品的国家是发展中国家，因此，长期来看价格贸易条件对发展中国家不利。并且，只要它们专业化生产初级产品，其价格贸易条件也将会持续恶化下去，见表 3 – 5。

表 3 – 5 　　　　1876 ~ 1947 年发展中国家贸易条件数值

时期	1876 ~ 1880 年	1881 ~ 1885 年	1886 ~ 1890 年	1891 ~ 1895 年	1896 ~ 1900 年	1901 ~ 1905 年	1906 ~ 1910 年
NBTT	100	102.4	96.3	90.1	87.1	84.6	85.8
时期	1911 ~ 1913 年	1921 ~ 1925 年	1926 ~ 1930 年	1931 ~ 1935 年	1936 ~ 1938 年	1946 ~ 1947 年	—
NBTT	85.8	67.3	73.3	62.0	64.1	68.7	—

资料来源：Baer W. The Economics of Prebisch and ELCA. [J]. Economic Development and Culture Change, 1962, 10：169 – 182.

普雷维什总结了发展中国家初级产品价格贸易条件恶化的原因。首先，在旧的国际分工体制下，由于各国科学技术水平和劳动生产率存在较大差异，世界经济发展形成了"中心—外围"的格局。中心由发达国家构成，它们是技术的创新者、经济利益的获得者和世界发展的动力，以出口工业制成品或高附加值产品为主。由于中心的技术水平和生产率较高，所以其生产的工业制成品的价格相对较高，需求收入弹性也相对较高。外围主要指欠发达国家，是中心国家的原材料供应者和技术模仿者。他们绝大多数尚未实现工业化或工业化程度较低，缺乏初级产品行业的替代行业，以出口原材料和初级产品为主。由于初级产品部门技术相对落后，劳动生产率偏低，所以投入要素的边际收益率也较低，造成产品价格低，需求收入弹性又相对较小。再加上技术进步往往使得在生产工业制成品时使用大量的合成材料，因此，随着经济增长和技术进步，对初级产品的相对需求会下降。从而，外围国家初级产品的价格贸易条件往往呈不断恶化趋势。这是技术进步利益在中心国家和外围国家间不平等分配所形成的结果，也是外围国家价格贸易条件不断恶化的重要原因。

其次，贸易周期对中心国家与外围国家的非对称影响是外围国家价格贸易条件不断恶化的另一个重要原因。贸易周期处于繁荣阶段时，制成品与初级产品的价格都会上升；但贸易处于衰退阶段时，由于制成品市场是垄断的，初级产品价格下跌的幅度要明显大于制成品价格下跌的幅度。随着贸易周期的反复更迭，初级产品和制成品之间的价格差距不断被拉大，外围国家的价格贸易条件也逐渐趋于恶化。另外，由于大企业垄断势力的存在和工会的压力，由技术进步引起的生产率的提高会使得中心国家工资和利润不断上涨，而不是价格的下降。而外围国家的情况则正相反，当贸易周期处于衰退时，由于初级产品部门的工会势力相对较弱，缺乏谈判工资的实力，再加上农产品市场基本处于完全竞争状态，会引致外围国家工资水平的下降和农产品价格的下跌。造成外围国家价格贸易条件的不断恶化。

最后，在19世纪英国是世界经济体系的动力中心，其进口系数很高，因此，外围国家大体能够抵消其初级产品低收入弹性的负面影响。但19世纪末期后，美国取代英国逐步成为世界经济的动力中心。美国不断降低其进口系数，并实施贸易保护政策，这给外围国家初级产品的生产带来更为不利的影响，这不仅压低了对外围国家初级产品的需求，更凸显了初级产品需求收入弹性低的劣势。普雷维什还曾经用图形来解释外围国家初级产品与工业品的相对价格，也就是价格贸易条件会趋于恶化的原因。在图 3 – 7 中，纵轴代表初级产品与工业品的相对价格，横轴代表相对数量。相对需求线 RD 和相对供给线 RS 共同决定了世界市场的均衡点为点 A。因为制造业部门的技术进步通常会快于初级产品部门，从而导致工业品供给增长快于初级产品供给增长。现在，初级产品相对供给下降，相对供给曲线会向左平移到 RS′，使市场均衡点从点 A 移至点 B。在 B 点，初级产品的相对价格提高，表示初级产品出口国（也就是外围国家）的价格贸易条件会出现改善。

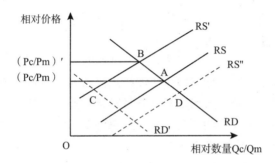

图 3 – 7 世界市场上初级产品与工业品的关系

资料来源：Meredith Fenson, Judicial Reform in the Americas：the Case of Chile, A Thesis Presented to The Graduate School of the University of Florida, University of Florida, 2004.

但存在某些因素会阻止相对供给曲线 RS 向左移动，甚至会使其向右移动至 RS″，使均衡点不是移至 B 点，而是移至 D 点，造成相对价格下行；再者，还存在一些因素会导致相对需求曲线 RD 向左移至 RD′。如果 RD 移动到 RD′的幅度大于 RS 移动至 RS′的幅度，则最后的均衡点为点 C，从而形成比点 A 更低的相对价格。

普雷维什提出，价格贸易条件长期恶化的后果很严重，不仅会使发展中国家出口减少、进口增加、国际收支状况趋于恶化，加重债务负担，更会使其经济发展的速度减缓，进一步沦为发达国家的经济附庸。因而，普雷维什反对传统国际贸易理论所支持的国际分工和自由贸易，认为这种自由贸易只适用于中心国家之间，而不适用于中心国家与外围国家之间。他倡导外围国家即发展中国家实行贸易保护，放弃出口初级产品为主的发展策略，实行进口替代工业化战略，独立自主地发展民族经济，摆脱对中心国家的经济依附，改善自身的价格贸易条件不断恶化的窘境。

1950 年，德国籍发展经济学家汉斯·辛格（Hans Singer）也从其他角度阐述了类似观点，以支持普雷维什的论断。他们的主张又被后人称为"普雷维什—辛格命题"（Prebisch – Singer Thesis）。

3.2.2 普雷维什—辛格命题的支持

美国经济学家阿瑟·刘易斯（Arthur Lewis）在 1952 年采用三个数据集（1870 ~ 1950 年间原材料、食品和工业制成品的价格）来研究价格贸易条件发展趋势，并且对这些数据进行了一定的调整以适应世界运输成本的变化，最后也得到了初级产品相对价格下降的结论，见图 3 – 8、图 3 – 9。

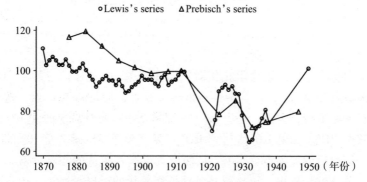

图 3 – 8　普雷维什和刘易斯 1870 ~ 1950 年初级产品相对价格（1912 年 = 100）

资料来源：Hadass Y. S., Williamson J. G. Terms of Trade Shocks and Economic Performance, 1870 ~ 1940：Prebisch and Singer Revisited. NBER Working Paper, March 2001. No. 8188.

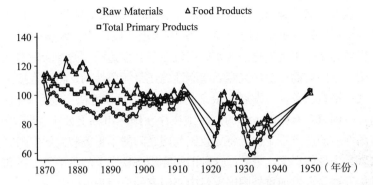

图3-9 刘易斯1870~1950年初级产品相对价格的3种衡量（1913年=100）

资料来源：Hadass Y. S. , Williamson J. G. Terms of Trade Shocks and Economic Performance, 1870~1940: Prebisch and Singer Revisited. NBER Working Paper, March 2001. No. 8188.

　　普雷维什—辛格命题得到了法国经济学家伊曼纽尔（Emmanuel）的大力支持。他于1969年提出"不平等交换"理论，力图能进一步解释发展中国家价格贸易条件出现恶化的原因。伊曼纽尔认为，在现实世界中，发达国家利用跨国公司等工具掠夺发展中国家的经济剩余，导致世界分为富国和穷国。在"资本在国际间具有高度自由流动性，但劳动力却不容易流动"的前提下，发达国家与发展中国家间存在着工资差异。由于发展中国家工资水平低，导致其产品价格也低，这就决定了其价格贸易条件必然不利。在与发达国家进行贸易时，由于发达国家的工资利润相对较高，就会存在一种"不平等交换"，这种"不平等交换"使贫富差距日益加大、富国越富而穷国越穷。因此，价格贸易条件的恶化应与国家类别相关而不是与出口产品的类别相关。对于发展中国家而言，即使其出口工业品，也同样会面临价格贸易条件恶化的风险，而对于发达国家来说，即使其出口初级产品，也会从价格贸易条件中获益。所以，伊曼纽尔主张应从根本上提高发展中国家的工资率和利润率来改善其价格贸易条件。

埃及学者萨米尔·阿明（Samir Amin）继承了伊曼纽尔的"不平等交换"理论并对其进行了一定的修正。他认为，发展中国家的价格贸易条件出现恶化的根本原因就在于，发达国家的垄断资本在起作用。一国的商品市场究竟是垄断性的还是竞争性的，将会直接影响到其价格贸易条件。发展中国家的初级产品面临近似完全竞争市场，而发达国家含有创新技术的产品则往往在国际市场上处于垄断地位。市场性质的严重不对称，将导致国与国之间的不平等和发展中国家价格贸易条件的恶化。另外，这种旧国际经济秩序下的不平等交换和不对称发展会愈发加重外围国家对中心国家的依附程度。

与普雷维什、辛格和伊曼纽尔、阿明等的分析不同，美国经济学家阿瑟·刘易斯（Arthur Lewis）于1968年提出"价格贸易条件决定论"，进一步探求初级产品出口国价格贸易条件恶化的原因。刘易斯认为，价格贸易条件应涵盖生产要素价格贸易条件与商品价格贸易条件这两种。由于生产要素的价格贸易条件决定了发展中国家的商品价格贸易条件，而生产要素价格贸易条件的决定因素则是国内要素劳动生产率。因此，出口初级产品的发展中国家若想改善其价格贸易条件，根本措施就是切实提高自身的农业劳动生产率。

3.2.3 普雷维什—辛格命题的批判

普雷维什—辛格命题一经提出，立即引起学术界的广泛关注与争议，并引发了一场历经50年之久的"价格贸易条件之争"。这些争论主要围绕着以下三个方面进行：第一，是否有研究证明了初级产品价格贸易条件的确呈现长期恶化趋势；第二，假定价格贸易条件恶化确实存在，那么，其恶化的原因究竟是什么。第三，价格贸易条件冲击，对初级产品生产者的长短期影响究竟是怎样的。

普雷维什—辛格命题，首先遭到了来自新古典自由主义学者的猛烈抨击。美国经济学家雅各布·瓦伊纳（Jacob Viner）在巴西国立大学的演讲中指出，价格贸易条件恶化论所提及的把农业和矿业等初级产品等同于贫困的推论是没有根据的和站不住脚的。农业并不意味着贫困，工业也不代表富裕。一国在国际分工体系中的地位，主要取决于其在农业或工矿业中的比较优势状况，而与其所从事的产业部门的特性无关。此外，他还指出，价格贸易条件恶化论中初级产品和工业制成品之间价格贸易条件的比较忽视了二者在质量上的变化，所以存在一定的偏差。实际上，1876～1938年期间，工业制成品的质量一般都得到很大的提高，而初级产品"绝大部分在质量上非但没有实质改进，甚至更低劣了"。因此，他否认发展中国家初级产品的出口价格相对于发达国家工业制造品的出口价格来讲存在长期恶化的发展趋势，认为以比较优势为基础的国际分工和自由贸易同样也会给发展中国家带来相应的收益。

1956年，经济学家 P. T. 艾斯沃斯（P. T. Ellsworth）发表了《初级产品生产国与工业化国家之间的贸易条件》一文，批判了普雷维什—辛格命题。他的研究发现，1876～1933年期间，初级产品价格贸易条件相对于工业制成品价格贸易条件确实下降了，但这种下降并不像普雷维什所描述的那样长期持续下降，而是可以划分为三个阶段：第一阶段（1876/1880～1901/1905年），主要是由于运输费用下降所致；第二阶段（1920～1929年），主要是由于受到过度生产和"节省原料"的制造业的快速技术进步的影响；只有在第三阶段（1929～1933年），初级产品价格贸易条件恶化的特征才部分地支持了普雷维什的解释。

艾斯沃斯进一步指出，由于普雷维什所使用的数据来自于英国海关的统计材料，发展中国家初级产品的出口价格是用英国进口的到岸价格来表示的，而发展中国家的进口价格是用英国出口的离岸价格来表示的。所以，初级产品价格的相对下降在很大程度上是由于19世纪30年代海运成本大幅下降所导致的，并不是初级产品本身的价格下降所致的。普雷维什在考察发展中国家初级产品价格贸易条件时忽略了这些关键因素，导致其得出的结论也出现了很大误差。1956年，美国经济学家金德尔伯格（Kindleberger）计算了除英国之外的欧洲其他各国 1870 年至第二次世界大战前的价格贸易条件变动情况，发现欧洲其他各国的价格贸易条件并未同英国一样呈很显著的上升趋势。

1958 年，美国发展经济学家杰拉尔德·M. 迈耶（Gerald M. Meier）发现，普雷维什所论及的价格贸易条件恶化论并不适用于发展中国家，只有收入贸易条件和要素贸易条件才能确切地反映发展中国家的真实贸易状况。迈耶指出，如果只是简单地使用价格贸易条件指数，就可能掩盖其他贸易条件所反映的经济与贸易利益的损益情况，价格贸易条件的恶化并不能说明其他贸易条件恶化，而且贸易条件的福利效应也是不确定的。因此，普雷维什—辛格命题中所倡导的"出口悲观主义"是没有理论基础的，在实践中也找不到相应的经验证据。

1959 年，美国哈佛大学教授戈特弗里德·冯·哈伯勒（Gottfried Von Haberler）对普雷维什—辛格命题进行了全面而又激烈的批判。首先，他反对普雷维什把国家分工体系看作是发展中国家经济落后的主要根源的观点，认为以比较成本学说为基础的国际分工同样能给发展中国家带来利益；其次，他指出价格贸易条件恶化论所用的统计资料完全以英国的进出口贸易指数为基础，不够全面，不能得出"发展中国家价格贸易条件长期恶化"的一般性结论；第三，不能完全用制成品与初级产品分别代表中心和外围各自的出口产品，因为很多发达国家也是初级产品的主要出口国。因此，哈伯勒得出结论：价格贸易条件恶化论中的历史事实缺乏证据，其解释是错误的、推断是草率的、政策结论是不负责任的；这种悲观和忧虑也完全没有根据。

1965 年，美国经济学家贝拉·巴拉萨（Balassa Bela）在对普雷维什—辛格命题的评论中对价格贸易条件恶化的原因提出了质疑。他认为，主要存在两个问题：第一，在时期的选择上，辛格没有谈及 1900 ~ 1970 年的整个时期。第二，普雷维什采用的单位价格指数并不一定能够准确地反映价格贸易条件是否存在恶化趋势。

1975年，法国经济学家保罗·贝罗奇提出，由于普雷维什在比较初级产品与制成品的相对价格时最后期限的选择不当，以英国工业品出口价格指数代表整个世界价格指数的做法不正确，加之在考虑制成品与初级产品计价方法不同时，忽略了运输成本等几方面原因，普雷维什—辛格命题中的结论是极其错误的。他甚至得出"初级产品价格贸易条件在1872～1928年间得以改善"的结论。

1980年，约翰·斯普劳斯（John Spraos）对普雷维什的论断提出了四点异议。第一，英国的价格贸易条件并不能代表整个工业化国家；第二，工业化国家进口的初级产品也包括主要由发达国家生产的商品，例如，小麦、牛肉、羊毛甚至是棉花和糖；第三，出口用FOB衡量，进口用CIF衡量，因此英国价格贸易条件的改善，可以部分甚至是全部归结为运输成本的下降，并不是初级产品价格的相对下降；第四，尽管新工业制成品进入贸易并且已有工业制成品的质量有所提升，但这些发展并没有被充分反映到工业制成品价格指数中来。这会使工业制成品价格指数向上偏倚，造成初级产品相对价格恶化的印象。

2001年，美国哈佛大学教授哈德斯（Hadass）和威廉姆森（Williamson）运用大量经验数据重新考察1870～1940年外围国家（发展中国家）价格贸易条件的变动趋势时发现，这一时期发展中国家的价格贸易条件非但没有发生恶化，并且普遍存在上升迹象。特别地，从1870年到第一次世界大战之前的这段时间内发展中国家价格贸易条件的改善程度甚至超过了中心国家（发达国家）。普雷维什—辛格命题的论断，并不适用于欠发达国家以及初级产品出口外围国家。

3.2.4　普雷维什—辛格命题的再发展

面对抨击和批判，普雷维什选择将它们作为自己进一步完善价格贸易条件恶化论的动力，不断结合外围国家的实际发展情况对这一理论进行了补充和扩展。在 1959 年发表的论文中，普雷维什对其结论进行进一步论证，指出"价格贸易条件恶化的趋势都是需求的收入弹性差异和技术进步向世界经济传播的不平等方式所造成的结果"。

1964 年，普雷维什在第一届联合国贸发大会上作了题为"迈向发展的新贸易政策"的报告，不仅重申了价格贸易条件恶化论的主要观点，还进一步证明了价格贸易条件恶化的影响效应。他指出 1950 ~ 1961 年间，初级产品相对于工业制成品的价格贸易条件下降了 26%。虽然发展中国家的资金净流入为 474 亿美元，但在扣除利息和利润汇回后，降为 265 亿美元。另外，由于价格贸易条件恶化，发展中国家的出口购买力又下降了约 131 亿美元，这意味着，在去除债务偿还的成本后，资金流入的几乎一半由于价格贸易条件恶化的影响而化为乌有。

普雷维什还于 1981 年出版了《外围资本主义：危机与改造》一书，提出"价格贸易条件恶化论的逻辑性是无懈可击的"。认为西方学者对该理论的批判另有企图，他们反对的其实不是这个论点本身，而是因为如果接受了这个论点，"它就会成为纠正初级产品生产先天性弱点而采取国际合作措施的很有利的证据"。也有学者再次证明了普雷维什—辛格命题的正确论断。例如，拉丁美洲学者费力波在 1988 年提出，来自世界银行和国际货币基金组织的数据均显示，初级产品价格贸易条件在 20 世纪确实呈下降趋势。

20 世纪 50 年代，当普雷维什和辛格提出价格贸易条件恶化论和普雷维什—辛格命题时，发展中国家和发达国家之间的贸易结构还主要是以初级产品与工业制成品之间的贸易为主。因此，传统价格贸易条件恶化论的主要结论，为发展中国家初级产品相对于发达国家工业制成品的价格贸易条件呈恶化趋势。随着经济全球化进程的加快，自 20 世纪 70 年代开始，发展中国家与发达国家之间的贸易结构已逐渐转变为劳动密集型产品与资本密集型产品、技术密集型产品之间的贸易。于是，学者们开始重新审视价格贸易条件恶化论的内容，考察劳动密集型产品相对于资本密集型产品、技术密集型产品而言，是否也同样存在着价格贸易条件恶化的趋势。

辛格依据发展中国家出口商品结构中工业制成品所占比重逐渐上升的实际情况，开始更多地注重不同类型国家之间的关系，而不是不同类型的商品和技术力量的性质与分配。他于1971年对其1950年发表的论文进行了修改和延伸，指出发展中国家价格贸易条件长期恶化的局面并没有发生扭转，只是价格贸易条件恶化的内容发生了一些改变而已。他将这些内容总结如下：

第一，发展中国家初级产品价格贸易条件的恶化比率，高于发达国家初级产品价格贸易条件恶化的比率；第二，发展中国家出口制成品的价格，比发达国家出口制成品的价格下降得更快；第三，初级产品占发展中国家出口产品的较高比重，意味着初级产品价格贸易条件恶化对它们的影响更甚于发达国家。由此，辛格得出结论：发展中国家以出口劳动密集型制成品替代出口初级产品实行出口导向的发展战略，并不能从根本上解决发展中国家价格贸易条件长期恶化的问题。

还有学者从实证分析的角度，再次论证普雷维什—辛格命题。例如：格瑞利和杨（Grilli，Yang，1988）考察了1900～1986年间24种非燃料商品的价格指数，最终结论为：商品价格自1921年起以每年0.6%的速度下降，从而证明了普雷维什—辛格命题，见图3-10。

1991年，萨卡和辛格（Sarkar，Singer）在对发展中国家制成品价格贸易条件进行研究时发现，发展中国家虽然在更多地出口劳动密集型制成品以取代初级产品的出口，但也未能摆脱制成品价格贸易条件呈恶化趋势的局面。通过对29个国家和地区1965～1985年期间出口制成品价格贸易条件的变化情况进行的统计分析表明，这29个国家和地区出口制成品的价格指数年均下降0.65%。而1970～1987年间，发展中国家制成品的价格贸易条件每年下降大约1%。这些分析结果均很好地验证了价格贸易条件恶化理论。

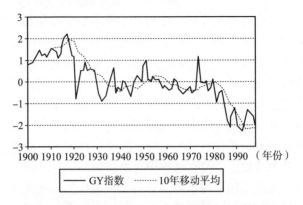

图 3 – 10   格瑞利和杨的商品价格指数（GY 指数）

资料来源：Grilli，Enzo R.，Yang M. C. Primary Commodity Prices，Manufactured Goods Prices，and Terms of Trade of Developing Countries：What the Long Run Shows［J］. World Bank Economic Review，1988，2：1 – 48.

1997 年，布洛克和萨普斯福德（Bloch，Sapsford）建立了由价格决定的两个方程式的模型，运用 24 个非燃油初级产品出口国 1948～1986 年的年度数据来检验价格贸易条件恶化论，发现初级产品的价格贸易条件在第二次世界大战后时期确实呈下降趋势，且平均每年下降的速度超过 1%。并指出致使商品价格下降的原因主要有两个：一个是节约原料的技术变化；另一个是制造业更快的工资上涨和制造业商品价格稳定上涨。

3. 2. 5   普雷维什—辛格命题研究简评

普雷维什是 20 世纪拉丁美洲历史上最具影响力的经济学家，被公认为是发展中国家的代言人。中国学者谭崇台对普雷维什给予了高度评价，认为他是"深入考察价格贸易条件的重要意义，以及它对经济增长和国际收支平衡的影响和作用的第一位发展经济学家"。

普雷维什—辛格命题经过辛格、伊曼纽尔、阿明和刘易斯等的发展，内容愈益丰富，影响越来越大，引起国际学术界和发展中国家的极大兴趣和普遍关注。它从发展中国家利益的角度出发，对国际贸易理论进行了开拓性的探讨，是对传统贸易理论的巨大挑战和否定。首先，它否定了传统贸易理论中初级产品价格贸易条件不断上升的论断，揭示了发展中国家价格贸易条件存在长期恶化趋势的事实；其次，它否定了传统贸易理论中自由贸易对所有国家都有益的论断。得出在现有贸易格局下，自由贸易只对出口制成品的中心国家有利，对出口初级产品的外围国家不利的结论。因此，它反对自由贸易，主张实施贸易保护。它对发展中国家走进口替代的工业化道路，实行贸易保护战略提供了有力的理论依据；对推动发展中国家打破传统的国际分工体系，争取建立国际经济新秩序提供了思想武器。20世纪50~60年代，发展中国家尤其是拉丁美洲国家普遍对幼稚工业进行贸易保护，实行进口替代工业化，采用内向型经济发展战略就是受到价格贸易条件恶化论的影响。

但普雷维什从"发达国家工会组织对产品价格的影响"、"技术进步利益分配不均"，以及"需求收入弹性对收入转移的分析"等角度来解释发展中国家价格贸易条件的日趋恶化存在着不科学的成分，在理论上也具有一定的局限性。此外，任何理论都应注重与时俱进。随着科技水平的发展，世界上发展中国家与发达国家之间以及发展中国家内部之间的贸易结构中，已存在着"初级农矿产品与劳动密集型产品相交换"、"劳动密集型产品与资本、技术密集型产品相交换"、"资本、技术密集型产品与知识密集型产品相交换"的复杂局面。因此，"价格贸易条件恶化论"的研究也应随之发生变化，才能对国际经济新体制下发展中国家贸易政策和经济战略的选择起到正确的指导作用。

此外，需要指出的是，普雷维什—辛格命题虽然研究了发展中国家价格贸易条件恶化的问题，但其侧重点在于研究价格贸易条件的长期发展趋势与变化，而且仅是简单地提及外围国家存在价格贸易条件恶化与收入增长停滞同时存在的现象，并没有集中论述价格贸易条件与经济增长二者的关系。真正将这二者联系起来进行深入研究的是印度经济学家巴格瓦蒂，第三节将对其经济思想进行系统地介绍。

3.3 贫困化增长理论

3.3.1 巴格瓦蒂"贫困化增长"理论

价格贸易条件恶化论的重要支持者之一，印度经济学家贾格迪什·N. 巴格瓦蒂（Jagdish N. Bhagwati）在其 1958 年发表的著名论文《福利恶化型增长：一个几何学注解》中提出"贫困化增长（Immiserizing Growth）"理论，该理论研究了价格贸易条件与经济增长的关系，并进一步证明了价格贸易条件对一国经济增长的重要意义。他指出，经济增长所带来的产量提高收益，可能会被价格贸易条件的不断恶化所抵消，导致本国居民实际收入水平和消费水平的绝对下降，即获得经济增长的国家的净福利效应有可能为负，最终使该国的境况反而不如从前，发生"贫困化增长"或"悲惨的增长"。

巴格瓦蒂认为，经济增长和价格贸易条件变化的综合影响，包含三个效应：第一，伴随经济增长的可出口产品数量的增加；第二，价格变化所带来的进口产品消费量的减少；第三，价格变化所引致的进口替代产品生产数量的增加。在这三种效应的共同作用下，一国经济虽然增长，但实际收入却会下降。

如图 3 – 11 所示，假设经济处于充分就业的情况，增长仅在一国国内发生，其他国家的产出不变，也就是说，其他国家的提供曲线固定不变。PPC_1 和 PPC_2 分别是一国经济增长前及经济增长后的生产可能性曲线。增长前，该国在 A 点生产，切 PPC_1 曲线于 A 点的直线 TW 表示增长前该国出口商品的价格贸易条件。TW 线与无差异曲线 U_1 相切于 C 点,表示该国在 C 点的消费达到 U_1 所代表的福利水平。现假设该国发生了偏向于出口部门的经济增长,生产可能性曲线从 PPC_1 移到 PPC_2,供给的大量增加造成该国出口产品价格贸易条件的下降,表现为新价格贸易条件线 Tw′ 的斜率小于原价格贸易条件线 Tw 的斜率。这时,该国新生产点在 A′ 点,新消费点在 C′ 点。由于 C′ 点比 C 点处于更低的无差异曲线 U_2 上,表明该国的社会福利水平也因经济的增长而降低。当价格贸易条件恶化对福利的负面影响大到足以抵消生产能力的提高所带来的正面影响时,"贫困化增长"的现象就出现了。

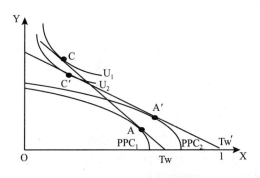

图 3 – 11　贫困化增长模型 1

但是,巴格瓦蒂认为,贫困化增长只是一种比较极端的现象,它的出现需要同时具备以下四方面条件:第一,本国的经济增长必须偏向于出口部门;第二,本国必须是一个贸易大国,其大幅度的出口扩张必然导致该国价格贸易条件的恶化;第三,世界上其他国家对本国出口商品的需求必须是缺乏弹性的。出口供给的扩大一定会导致出口价格的迅速下跌,使本国价格贸易条件恶化的程度十分严重;第四,本国经济严重依赖对外贸易,价格贸易条件的大幅度恶化才有可能导致整个社会福利的绝对下降。

中国学者将经济增长、价格贸易条件恶化与贫困化增长三者的关系总结，见图3-12。由图3-12可知，贫困化增长确实是由价格贸易条件恶化所引致的，反过来价格贸易条件恶化并不一定导致贫困化增长。只有当价格贸易条件恶化所带来的贸易利益损失大于经济增长所带来的经济收益时，贫困化增长现象才会发生。换句话来讲，价格贸易条件恶化是贫困化增长的必要条件和非充分条件。

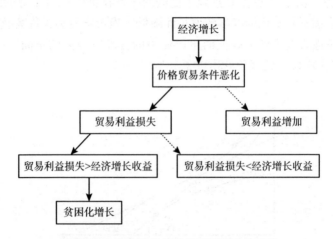

图3-12　经济增长导致贫困化增长的路径

资料来源：张韧. 贸易贫困化增长研究. 上海大学博士学位论文, 2006.

3.3.2　约翰逊"贫困化增长"理论

巴格瓦蒂的贫困化增长理论，是在经济增长导致价格贸易条件恶化的假设前提下进行分析的。1967年，约翰逊（Johnson）通过不同的分析角度，采用不同的假设条件，指出对不处于国际贸易垄断地位的贸易小国来说，如果它的进口替代部门受到关税保护的话，根据罗伯津斯基定理，会吸引大量资源和要素流向这些部门，因而减少出口部门的生产，使出口部门要素生产率降低，导致资源配置发生扭曲和社会福利发生损失的话，即使该国价格贸易条件保持不变，也同样可能会发生贫困化增长现象。

在图3－13中，A_1B_1是经济增长前的生产可能性曲线，P_1是生产均衡点。其进口部门受到扭曲的关税保护后，生产效率低下，生产均衡点移到P_2。如果该部门发生技术进步或要素积累扩张，则生产可能性曲线变为A_2B_1，由于价格贸易条件不变，所以生产均衡点又由P_2移到P_3，此时，新的消费均衡点处于比原先更低的无差异曲线上，从而贫困化增长现象产生。

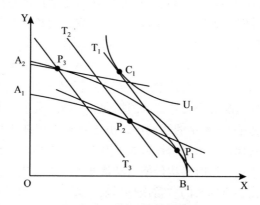

图3－13　贫困化增长模型2

约翰逊认为，正是非最优关税导致国内经济发生了扭曲，最终产生了贫困化增长，要解决这一问题，就需要征收最优关税。并且，约翰逊还指出，贫困化增长的本质就是经济增长引发的价格贸易条件、收入贸易条件以及要素贸易条件的全面恶化所造成的福利水平的下降。

3.3.3　巴格瓦蒂"贫困化增长"理论的扩展

针对约翰逊的研究结果，1968年，巴格瓦蒂对贫困化增长理论又进行了扩展和延伸，提出"贫困化增长的一般化理论"，并论证了两种其他类型的贫困化增长（一是扭曲性的工资差异所导致的贫困化增长；二是扭曲性的关税所造成的贫困化增长）可能性的原因。他指出，如果一国经济是在次优条件下组织的，那么来自增长的最初收益按照政策始终为最优化的设想进行衡量，会被在增长出现后，由扭曲性次优导致的不断增加的损失所超过。因此，"贫困化增长的一般化理论"就是说，只要"扭曲性"存在，贫困化增长现象就会出现。

20 世纪 70 年代，巴格瓦蒂还运用贫困化增长理论分析了关税保护条件下外资流入对本国福利的影响。发现由价格贸易条件恶化引起的贫困化增长会因外资的流入而得以加强。

1970 年，巴特拉和帕塔内克证明：如果一国存在较大的差异性工资扭曲，那么即便没有技术进步或要素积累增加的情况出现，其价格贸易条件的改善也会导致该国福利的下降，发生贫困化增长。

在巴格瓦蒂 1958 年的案例中，由于贸易大国在出口产品方面处于相对垄断地位，出口增长造成了严重的对外扭曲，使得价格贸易条件发生恶化，这时平均价格贸易条件不再等于边际价格贸易条件。而在约翰逊所提及的"贫困化增长"理论中，对进口替代部门实施的关税保护其实也是一种扭曲。因此，只要经济中存在"扭曲性"，无论是价格贸易条件恶化、不合理的关税保护，还是国内经济中存在工资扭曲，都会产生社会福利损失和贫困化增长。消除贫困化增长的关键，就在于要努力消除各种内生的和政策性的经济扭曲。

2003 年，日本学者萨瓦达（Sawada）发表了题为"贫困化增长：一个实证评价"的论文，率先对贫困化增长问题进行了实证研究。通过使用显示偏好框架和宏观经济增长数据，对贫困化增长的实证有效性进行了考察。萨瓦达（Sawada）将各个国家（大多位于非洲和拉丁美洲）的人均实际消费支出作为衡量经济福利的指标，用显示偏好公理研究经济福利的变动方向，并将其与每个国家实际GDP 的增长进行了比较，以判定一国是否存在贫困化增长。结果发现，从 1950~1988 年，共有 34 个国家出现了贫困化增长现象，并且初步判定，价格贸易条件的恶化应该是导致其贫困化增长的主要原因，从而从实证角度论证了贫困化增长理论。

3.4 经济增长与价格贸易条件

经济世界不是静止的。在现实生活中，技术不断进步、资本不断积累，劳动力的数量不断增加，这些因素都会使原有的贸易基础和贸易模式发生改变。因此，探讨经济增长怎样影响价格贸易条件有着重要的现实意义。

3.4.1 经济增长的不同效应对价格贸易条件的影响

经济增长，一般是指一国在一定时期实际的商品和劳务产出的增长。反映在生产可能性曲线上，就是它的向外扩张或移动。一国经济增长对其价格贸易条件的影响，主要取决于该国进口产品的需求情况。在这方面的研究中，巴格瓦蒂曾提出"供给的产出弹性"和"需求的产出弹性"两个概念，后来，甘道尔夫又结合经济增长的生产效应和需求效应总结了经济增长对进口产品需求的影响。

令供给的产出弹性为：

$$E_{SY} = \frac{\Delta A_S / A_S}{\Delta Y / Y} \qquad (3-1)$$

其中，A_s 是本国对进口商品的供给，Y 代表总产出。则有供给的产出弹性与生产效应关系，见表 3 - 6。

表 3 – 6   供给的产出弹性与生产效应

供给的产出弹性	不同类型的生产效应
$E_{SY} < 1$	顺贸易倾向的生产效应（pro-trade biased）
$E_{SY} = 1$	中性的生产效应（neutral）
$E_{SY} > 1$	逆贸易倾向的生产效应（anti-trade biased）

同理，令需求的产出弹性为：

$$E_{DY} = \frac{\Delta A_D / A_D}{\Delta Y / Y} \qquad (3 - 2)$$

其中，A_D 是本国对进口商品的需求，Y 同样代表总产出。则有需求的产出弹性与需求效应关系，见表 3 – 7。

表 3 – 7   需求的产出弹性与需求效应

需求的产出弹性	不同类型的需求效应
$E_{DY} > 1$	顺贸易倾向的需求效应（pro-trade biased）
$E_{DY} = 1$	中性的需求效应（neutral）
$0 < E_{DY} < 1$	逆贸易倾向的需求效应（anti-trade biased）
$E_{DY} < 0$	超逆贸易倾向的需求效应（ultra-anti-trade biased）

甘道尔夫在其 1999 年出版的《国际经济学（第一卷）》中，将不同类型的生产效应和需求效应结合起来，总结了经济增长对价格贸易条件的影响，如表 3 – 8 所示：

表 3 – 8   经济增长对进口产品需求的影响

生产效应	需求效应				
	中性	顺贸易	超顺贸易	逆贸易	超逆贸易
中性	N	P	P/UP	A/UA	UA
顺贸易	P	P	P/UP	非 UP	UA
超顺贸易	P/UP	P/UP	UP	非 UA	都可能

续表

生产效应	需求效应				
	中性	顺贸易	超顺贸易	逆贸易	超逆贸易
逆贸易	A/UA	非 UP	非 UA	A/UA	UA
超逆贸易	UA	UA	都可能	UA	UA

资料来源：甘道尔夫. 国际经济学（第一卷）. 中国经济出版社，1999：167.

黄满盈在此基础上，结合贸易大国情况阐述了经济增长通过进口产品需求变动对价格贸易条件产生的最终影响。如图 3 – 14 所示，OG_1 是大国初始提供曲线，OR 的斜率是大国初始价格贸易条件。由于除"超逆贸易倾向的效应（UA 情形）"以外，其他各种类型的效应在不变的价格贸易条件下都会增加进口商品的需求，新的提供曲线均会出现在 OG_1 的右侧，新的均衡价格贸易条件线的斜率会变小，意味着大国的价格贸易条件会发生恶化。只有在 UA 情形下（也就是出现超逆贸易倾向的增长时），其价格贸易条件才会得以改善。

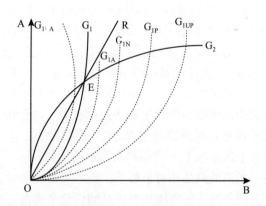

图 3 – 14 经济增长的不同效应与价格贸易条件的变化

3.4.2 不同类型的经济增长对价格贸易条件的影响

经济增长表现为生产可能性曲线的向外扩张。但经济增长既有可能由生产要素供给的增加引起，也有可能由技术进步所引起，它们对价格贸易条件的影响各不相同。

一、生产要素供给增加对价格贸易条件的影响

在国际经济学中，有一个定理专门研究了要素积累对生产可能性曲线的影响效果，这就是罗伯津斯基定理（Rybczynski Theorem）。其内容为：在商品相对价格不变的前提下，某一要素的增加（给定另一种要素不变）会导致密集使用该要素部门的生产增加，而另一部门的生产则下降。

现假设有资本和劳动两种要素，我们着重分析资本要素增加和劳动要素保持不变的情形。在图 3－15 中，对应于一个不变的相对价格 p，资本要素增加前，相对价格线 p 与生产可能性曲线相切于 Q 点。资本要素增加后，相对价格线 p′与新的生产可能性曲线相切于 Q′点。根据罗伯津斯基定理，新的生产均衡点 Q′应位于原生产均衡点 Q 的右下方。Q 与 Q′两点之间的直线，就是罗伯津斯基线 R（Rybczynski Line）。由于相对价格 p 可任意取值，因而，对应于任意一相同的商品相对价格，资本要素增加后，资本密集型产品 X 的产出增加，而劳动密集型产品 Y 的产出则减少，这意味着，生产可能性曲线的外移相对地要偏向于 X 轴，在横坐标上 X 产品产出增加的比例要大于纵坐标上 Y 产品产出增加的比例。

在任意一相同的商品相对价格下，资本要素增加后，相对于劳动密集型产品的供给，资本密集型产品的供给会提高，在需求条件不变的情况下，这意味着，资本要素增加后资本密集型产品 X 的相对价格会下降，如图 3－16 所示。

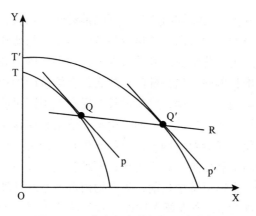

图 3 - 15　资本要素增长与经济增长

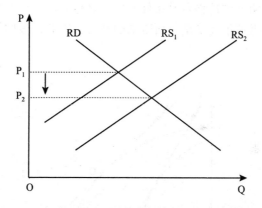

图 3 - 16　资本要素增加与资本密集型产品相对价格的下降

资本密集型产品相对价格下降对价格贸易条件的影响取决于两种情况：

第一，如若资本密集型产品是一国的出口商品，则该国的价格贸易条件将恶化，而对方国家的价格贸易条件将得以改善。

第二，如若资本密集型产品是一国的进口商品，则该国的价格贸易条件将得以改善，而对方国家的价格贸易条件将恶化。但若资本和劳动两种生产要素同时增长，共同推动经济增长，则无法确定价格贸易条件的变动方向，价格贸易条件的改善与恶化主要取决于两个部门的产出变化情况。开放条件下，如果一国因要素禀赋的增加导致经济增长偏向于出口部门，那么，会给该国的福利带来两种完全不同的影响。一方面，经济增长会提高该国国民收入水平和改善该国的国民福利，但另一方面，由于经济增长使该国的价格贸易条件发生恶化，又会对该国国民福利产生负面影响。这时，要考察经济增长的净福利效果，就需要比较两种影响的大小。

图 3 – 17 中，经济增长前，生产均衡点为 Q，消费均衡点为 C，价格贸易条件为 p；资本要素增加导致经济增长后，新的生产均衡点为 Q′，新的消费均衡点为 C′，新的价格贸易条件为 p′，p′ 比 p 更平坦，表明该国价格贸易条件发生了恶化。但价格贸易条件的恶化只是部分抵消了经济增长所带来的利益，因此，该国的国民福利净效应为正。

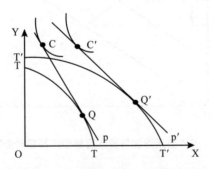

图 3 – 17　经济增长与价格贸易条件恶化

如果价格贸易条件持续严重恶化，以至于它的影响远远超过了经济增长所带来的利益时，就会出现像巴格瓦蒂所描述的"贫困化增长"现象，使该国的国民福利净效应为负。

二、技术进步对价格贸易条件的影响

技术进步推动经济增长的过程比较复杂，这不仅是由于技术进步在各个不同部门之间的发展程度有所不同，更是由于不同的技术进步性质会给各个部门内部生产要素的配置比例带来不同的影响，从而影响价格贸易条件的变化。英国经济学家约翰·R. 希克斯（John. R. Hicks）根据技术进步对资本和劳动生产要素节约程度的影响，将技术进步分为三种类型：

第一，中性技术进步（Neutral Technical Progress）：主要是指当技术进步发生时，在要素相对价格（工资率 w/利率 r）不变的情况下，资本和劳动的生产率以相同的比率增加，以至于技术进步不能改变资本—劳动比率。

第二，劳动节约型技术进步（Labor-saving Technical Progress）：主要是指，当技术进步发生时，生产过程中资本要素生产率的增长速度快于劳动要素生产率的增长速度。结果是，生产中资本要素替代了劳动要素，在要素相对价格不变时，资本—劳动比率上升，因为每单位的劳动力使用了更多的资本。现在用更少数量的劳动力和资本就能生产出原来的产量，资本—劳动的比率提高了。

第三，资本节约型技术进步（Capital-saving Technical Progress）：主要是指当技术进步发生时，劳动要素生产率的增长速度快于资本要素生产率的增长速度。结果在要素相对价格不变时，生产中的劳动替代了资本，导致劳动—资本比率上升，因为每单位资本使用了更多的劳动。所给定的产量现在能够用更少单位的劳动和资本生产出来，但劳动—资本的比率提高了。

技术进步在要素价格不变的前提下，表现为生产成本的下降。图 3 - 18 中等成本线下移，说明在技术进步后，生产者只需用较低的成本，就能达到与之前数量相同的等产量线。

本节在这里将技术进步所引起的经济增长的价格贸易条件效应归纳为图 3 - 19。

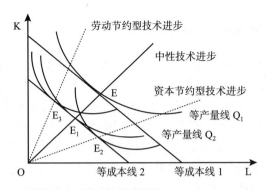

图3-18 中性技术进步、劳动节约型技术进步与资本节约型技术进步

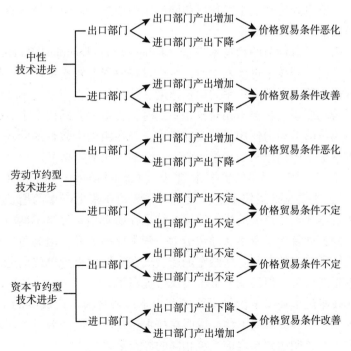

图3-19 各种类型技术进步的价格贸易条件效应

3.5 本章小结

理论研究的争论,不断推动价格贸易条件研究向前发展。本章重点对价格贸易条件的起源和发展背景进行了概述,并对古典价格贸易条件理论、普雷维什—辛格命题、贫困化增长理论等经典的价格贸易条件理论进行了比较和综合。特别地,本章在阐述上述价格贸易条件理论时,全面总结了支持与批判两方面的理论研究成果,并对相关的理论争论进行了简要评述。最后,总结了要素累积型经济增长与技术进步型经济增长对价格贸易条件变动的不同影响。

第 4 章

价格贸易条件冲击对经常
账户影响的数理模型

哈伯格（Harberger，1950）、劳尔森和梅茨勒（Laursen，Metzler，1950）提出 HLM 效应命题后，价格贸易条件冲击与经常账户之间的影响关系，就一直是国际宏观经济学领域的研究热点。自 20 世纪 80 年代以来，理论命题与实证检验结论之间的冲突使得 HLM 效应的合理性遭到了诸多挑战和质疑。本章放松了价格完全灵活和市场充分竞争等假设条件，在存在不完全竞争和名义价格刚性的跨期最优化分析框架下，重新考察了小型开放经济体的价格贸易条件冲击与经常账户之间的动态影响关系。数理推演结论显示：由于贸易品消费增长幅度小于价格贸易条件冲击程度，所以一单位暂时性价格贸易条件改善冲击将导致经常账户盈余。这一结论与著名的 HLM 效应一致。但是，持久性价格贸易条件冲击对经常账户的影响效应，却依赖于同期和跨期消费替代弹性。当价格完全灵活时，持久性价格贸易条件冲击对当前账户没有任何影响。上述数理模型推演结论与门多撒（Mendoza，1995）的实证研究结论基本一致。

本章共包括四个部分：第一部分构建了跨期数理模型分析框架；第二部分考察了不可预期的持久性价格贸易条件冲击对经常账户的动态影响；第三部分考察了不可预期的暂时性价格贸易条件冲击对经常账户的动态影响；第四部分是本章小结。

4.1　数理模型与分析框架

4.1.1　经济环境与假设

假定一个小型开放经济体，含有两个生产部门：贸易部门和非贸易部门。引入非贸易部门不仅极大地完善了研究框架，而且也为考察同期和跨期替代效应影响提供了可能。非贸易部门面临着垄断竞争市场环境，当期设定的非贸易部门产品价格在遇到价格贸易条件冲击后只能在下一期进行调整，即非贸易部门产品价格在短期内是粘性的。而贸易部门面临的却是完全竞争的市场环境，贸易产品价格完全灵活，并遵循一价定律。

为了能同时在同期条件和跨期条件下研究暂时性和持久性价格贸易条件冲击对经常账户的影响。还需要做如下三方面假设：首先，进口商品完全用来被国内消费，经济体不生产进口商品，生产的出口商品不被用来国内消费。即进口商品和非贸易部门商品被用来国内消费，出口商品和非贸易部门商品被用来生产。其次，投资水平是恒定的常数，全球资本市场不受价格贸易条件冲击的影响。最后，经济体体量较小，以至于不会影响世界利率和国际价格贸易条件。同时，还假定贸易商品部门的产出禀赋为 y_T，所有贸易商品都在国际市场上以出口价格 P_T^x 进行售卖。其中，P_T^x 是以进口商品价格为单位来度量的，由于出口商品的国内消费假定为零，所以 P_T^x 本质上就是价格贸易条件，相对于整个经济来讲是一个外生变量。

考虑一个由同质个体构成的经济体，经济体人口总和设为 1。代表性经济个体 j 的目的，是最大化如下跨期目标效用函数：

$$V_j = \sum_{t=0}^{\infty} \beta^t \left[\frac{\sigma}{\sigma - 1} C_t^{\frac{\sigma-1}{\sigma}} - \frac{k}{2} y_{Nt}^2(j) \right] \qquad (4-1)$$

其中，β 为偏好参数，代表主观贴现因子，$\beta \in (0, 1)$，σ 是跨期消费替代弹性，$\sigma > 0$，$k > 0$。$y_{Nt}(j)$ 表示第 j 类非贸易产品的产量，$\frac{k}{2} y_{Nt}^2(j)$ 描述了工作努力的负效用。C 代表消费品组合，由贸易品和非贸易品构成：

$$C_t = \left[\gamma^{\frac{1}{\theta}} C_{Tt}^{\frac{\theta-1}{\theta}} + (1-\gamma)^{\frac{1}{\theta}} C_{Nt}^{\frac{\theta-1}{\theta}} \right]^{\frac{\theta}{\theta-1}} \qquad (4-2)$$

这里，$\theta > 1$，表示同期内贸易品和非贸易品之间的替代弹性。代表性经济个体面临的动态预算约束如下：

$$B_{t+1} = (1+r)B_t + p_{Nt}(j)y_{Nt}(j) + P_T^x y_T - P_t C_t \qquad (4-3)$$

经济个体投资国际实物债券 B_t，实物债券以进口商品来表示，收益率为 r，是外生给定的。每一时期理性经济体都会有一个外生给定的贸易品禀赋存量 y_T。

消费者价格指数 P_t 表示如下：

$$P_t = \left[\gamma + (1+\gamma) P_{Nt}^{1-\theta} \right]^{\frac{\theta}{1-\theta}} \qquad (4-4)$$

理性经济个体 j 是第 j 类非贸易品的垄断生产者，其面临的需求函数为：

$$y_{Nt}^d(j) = \left[\frac{p_{Nt}(j)}{P_{Nt}} \right]^{-\mu} C_{Nt}^A \qquad (4-5)$$

其中，$\mu > 1$，C_{Nt}^A 表示总的非贸易品消费。非贸易品消费函数和非贸易品价格指数函数的表述形式如下：

$$C_{Nt} = \left[\int_0^1 c_N(z)^{\frac{\mu-1}{\mu}} dz \right]^{\frac{\mu}{\mu-1}} \qquad (4-6)$$

$$P_{Nt} = \left[\int_0^1 p_N(z)^{1-\mu} dz \right]^{\frac{1}{1-\mu}} \qquad (4-7)$$

4.1.2　一阶条件

假定稳态条件下没有借贷行为发生，则有 $\beta(1+r)=1$。在服从式（4-3）动态预算约束和非蓬齐博弈条件（No-Ponzi-game Condition）的情况下，关于 B_{t+1}、C_{Nt}、y_{Nt} 最大化式（4-1）目标效用函数，可得如下一阶条件：

$$\frac{C_{t+1}}{C_t}=\left[\frac{P_t}{P_{t+1}}\right]\Leftrightarrow\frac{C_{Tt+1}}{C_{Tt}}=\left[\frac{P_t}{P_{t+1}}\right]^{\sigma-\theta} \tag{4-8}$$

$$\frac{C_{Nt}}{C_{Tt}}=\frac{1-\gamma}{\gamma}(P_{Nt})^{-\theta} \tag{4-9}$$

$$y_{Nt}^{\frac{\mu+1}{\mu}}=\frac{\mu-1}{\mu k}\left[\frac{P_{Nt}}{P_t}\right](C_{Nt}^A)^{\frac{1}{\mu}}C_t^{-\frac{1}{\sigma}} \tag{4-10}$$

方程（4-8）为跨期欧拉方程。如果当前的总价格水平相对于贸易品价格水平高于未来值，则在跨期和同期替代效应的作用下，贸易品和非贸易品的消费将发生变化。首先，由于当前的总价格水平相对于贸易品价格水平较高，那么，理性经济个体会选择推迟和取消其消费。这将提高最优实际消费路径，即 $C_t<C_{t+1}$ 或者 $C_{Tt}<C_{Tt+1}$。其次，由于非贸易品价格相对便宜，这会进一步鼓励消费从非贸易品向贸易品替代。由此可见，跨期与同期消费替代弹性在贸易品消费过程中所起到的作用是相反的。更为有趣的是，如果价格是常数，则当期消费等于未来消费，换句话说，这意味着实际消费的增长路径是平的。方程（4-9）揭示了贸易品消费与非贸易消费之间的关系，参数 θ 刻画了两种商品的替代弹性。最后，方程（4-10）表明，非贸易品的产出与消费组合 C 之间负相关。

4.1.3　稳态均衡分析

在稳态点假定所有的变量都是常数。假定净国外资产的初始水平是零，即 $\bar{B}_0 = 0$。对贸易品的初始禀赋进行标准化处理，以便于在稳态时，相对于贸易品而言，非贸易品的相对价格为 1，即 $\bar{P}_N = 1$。假定价格贸易条件在初始状态的值为 1，即 $\bar{P}_{T_0}^x = 1$。在这种对称式的均衡条件下，$\bar{C}_N^A = \bar{C}_N = \bar{y}_N = (1-\gamma)\bar{C}$，贸易品和非贸易品的消费和生产稳态描述如下：

$$\bar{y}_t = \bar{C}_T = \frac{\gamma}{1-\gamma}\bar{C}_N \qquad (4-11)$$

$$\bar{y}_N = \bar{C}_N = \left[\frac{\mu-1}{\mu k}\right]^{\frac{\sigma}{\sigma+1}} (1-\gamma)^{\frac{1}{\sigma+1}} \qquad (4-12)$$

从方程（4-12）中不难看出：非贸易品的生产与消费直接与非贸易部门的竞争水平相关，即 μ 值越大，稳态时非贸易品的生产和消费水平就越高。同时，非贸易品的生产和消费越大，说明工作越努力，在效用函数中非贸易品的消费比例权重也越大。

4.1.4 对数线性化表示

进一步对模型的最优化得到的一阶条件和稳态条件进行对数线性化处理。首先，三个一阶条件的对数线性化处理结果如下：

$$\tilde{C}_{Tt+1} - \tilde{C}_{Tt} = (\sigma - \theta)(\tilde{P}_t - \tilde{P}_{t+1}) \qquad (4-13)$$

$$\tilde{C}_{Nt} - \tilde{C}_{Tt} = -\theta\tilde{P}_{Nt} \qquad (4-14)$$

$$\tilde{y}_{Nt} = -\frac{1}{\sigma}\tilde{C}_t + (\tilde{P}_{Nt} - \tilde{P}_t) \qquad (4-15)$$

对消费者价格指数和消费组合指数的对数线性化处理结果为：

$$\tilde{P}_t = (1-\gamma)\tilde{P}_{Nt} \qquad (4-16)$$

$$\tilde{C}_t = \gamma\tilde{C}_{Tt} + (1-\gamma)\tilde{C}_{Nt} \qquad (4-17)$$

净国外资产、贸易品产出、价格贸易条件等变量的稳态变化影响可通过对式（4-3）在稳态点进行线性近似得到：

$$\frac{dB_{t+1}}{\bar{C}_{T0}} = (1+\gamma)\frac{dB_t}{\bar{C}_{T0}} + \tilde{y}_{Tt} + \tilde{P}_{Tt}^x - \tilde{C}_{Tt} \qquad (4-18)$$

$t+1$ 期净国外资产的变化，等于 t 期净国外资产变化的 $1+r$ 倍与贸易品产出变化以及价格贸易条件变化之和，再减去贸易品消费的变化。

4.2　不可预期的持久性价格贸易条件冲击对经常账户的动态影响

现在，考察不可预期的持久性价格贸易条件冲击对经常账户的动态影响。对处于完全竞争状态的贸易部门来讲，价格是充分灵活的，而对于非贸易部门来讲，当前价格是预先设定的，在面临新的冲击后，只能在下一期才可以调整。一旦不可预期的持久性价格贸易条件冲击发生后，理性经济个体只有在下一期才可以调整价格。在此粘性价格假设下，经济系统只可能在长期内达到均衡稳态，即名义价格刚性结构下，新的均衡稳态点只能在下一期才可实现。为了更好地区分价格贸易条件冲击的短期效应和长期效应，令 $\tilde{X} \equiv (X - X_0)/X_0$ 表示短期内变量 X 对其初始稳态水平 X_0 的偏离百分比。令 $\hat{X} \equiv (\bar{X} - \bar{X}_0)/\bar{X}_0$ 表示长期内变量 X 对其初始稳态水平 $\bar{X}_0$ 的偏离百分比。

考虑一个不可预期的持久性价格贸易条件改善冲击，$\hat{P}_T^x = \bar{P}_T^x > 0$。由于假定非贸易部门面临垄断竞争市场环境，其产品价格预先被设定，只在下一期才可以调整，所以短期内非贸易部门产品是固定的，非贸易部门产出由需求来决定，因此有：

$$\tilde{P}_N = 0 \qquad\qquad (4-19)$$

$$\tilde{C}_N = \tilde{y}_N \qquad\qquad (4-20)$$

由方程（4-14）和方程（4-19）可知，$\tilde{C}_N$ 与 $\tilde{C}_T$ 二者之间的关系为：

$$\tilde{C}_N = \tilde{C}_T \qquad\qquad (4-21)$$

在短期内非贸易产品价格 $\bar{P}_N$ 固定的条件下，短期和长期内消费者价格指数的变动路径如下：

$$\tilde{P} = 0 \tag{4-22}$$

$$\hat{P} = (1 - \gamma)\hat{P}_N \tag{4-23}$$

长期贸易品消费 $\hat{C}_T$ 和短期贸易品消费 $\tilde{C}_T$ 间的关系，可以表示为：

$$\hat{C}_T - \tilde{C}_T = -(\sigma - \theta)(1 - \gamma)\hat{P}_N \tag{4-24}$$

由方程（4-18）可知，稳态时贸易品的消费由净外国资产增加带来的收入和价格贸易条件变化所决定。

$$\hat{C}_T = r\hat{b} + \hat{P}_T^x \tag{4-25}$$

其中，$\hat{b} = \dfrac{dB}{\bar{C}_{T0}}$，经常账户盈余会引致外国资产的增加。

$$\hat{b} = \hat{P}_T^x - \tilde{C}_T \tag{4-26}$$

结合方程（4-15）以及 $\tilde{C}$ 和 $\tilde{C}_N$ 之间的最优化关系可得：

$$\tilde{y}_N = \tilde{C}_N = \frac{\sigma - \theta}{1 + \sigma}(\hat{P}_N - \hat{P}) \tag{4-27}$$

最后，给出贸易品和非贸易品之间消费最优化条件方程如下：

$$\tilde{C}_N - \tilde{C}_T = -\theta\hat{P}_N \tag{4-28}$$

求解方程（4-19）~方程（4-28）可进一步分析，不可预期的持久性价格贸易条件改善冲击的短期和稳态影响效应。具体解的形式如下：

$$\hat{y}_N = \hat{C}_N = \frac{(\sigma - \theta)(1 + r)}{a_0}\hat{P}_T^x \tag{4-29}$$

$$\hat{C}_T = \frac{(1 + r)[\theta(1 - \gamma) + \sigma(\theta + \gamma)]}{a_0}\hat{P}_T^x \tag{4-30}$$

$$\hat{P}_N = \frac{(1 + r)(1 + \sigma)}{a_0}\hat{P}_T^x \tag{4-31}$$

$$\hat{P} = \frac{(1 + r)(1 + \sigma)(1 - \gamma)}{a_0}\hat{P}_T^x \tag{4-32}$$

$$\hat{C} = \frac{\gamma\sigma(1 + r)(1 + \theta)}{a_0}\hat{P}_T^x \tag{4-33}$$

$$\hat{b} = \frac{(1-\gamma)(\sigma-\theta)(1+\sigma)}{a_0}\hat{P}_T^x \qquad (4-34)$$

$$\tilde{C}_T = \tilde{C}_N = \tilde{y}_N = \frac{\sigma(1+r)\left[\sigma(1-\gamma)+(1+\theta\gamma)\right]}{a_0}\hat{P}_T^x \qquad (4-35)$$

$$\hat{C}_T - \tilde{C}_T = \frac{(\sigma-\theta)(1+r)(1-\gamma)(1+\sigma)}{a_0}\hat{P}_T^x \qquad (4-36)$$

其中，$a_0 = r\sigma^2(1-\gamma)+\theta(1-\gamma)+r\sigma(1+\theta\gamma)+\sigma(\theta+\gamma)$，$a_0 > 0$。

这里面有三种情况需要考虑：(1) $\sigma=\theta$，(2) $\sigma>\theta$，(3) $\sigma<\theta$。面对不可预期的持久性价格贸易条件改善冲击，宏观经济在短期和长期内必然会发生波动。不可预期的持久性价格贸易条件改善冲击对经常账户的影响效应依赖于跨期和同期消费替代弹性，所有的三种情况被清楚地总结，见表4－1：

表 4－1　　　　不可预期的持久性价格贸易条件冲击效应

	$\sigma=\theta$	$\sigma>\theta$	$\sigma<\theta$
$\hat{y}_N = \hat{C}_N$	0	+	−
$\hat{C}_T$	+	+	+
$\hat{C}$	+	+	+
$\hat{P}_N$	+	+	+
$\hat{P}$	+	+	+
$\hat{b}$	0	−	+
$\hat{C}_T - \tilde{C}_T$	0	−	+
$\tilde{C}_N = \tilde{C}_T = \tilde{y}_N$	+	+	+

情形一：当 $\sigma=\theta$ 时，一单位持久性价格贸易条件改善冲击将导致长期和短期内贸易品消费的同比例增加，而对净外国资产持有

量没有实际影响。经常账户与初始状态一样是平衡的。由于跨期消费替代弹性与同期消费替代弹性相同，所以在长期内贸易品部门对非贸易品部门没有溢出影响，因此，非贸易品的产出与消费在长期和短期内也不发生变化。

情形二：当 $\sigma > \theta$ 时，同期消费替代弹性相对于跨期消费替代弹性较低，这意味着，贸易品和非贸易品之间的替代性较差而互补性较强。一单位持久性价格贸易条件改善冲击会提升贸易品消费，$\hat{C}_T > 0$，同时，还会进一步引致额外的非贸易品部门消费需求，$\hat{C}_N > 0$。由于非贸易部门的价格短期粘性，$\bar{P}_N = 0$，长期看涨 $\bar{P}_N > 0$，所以，短期内贸易品相对于非贸易品更便宜。而随着非贸易品长期看涨，贸易品和非贸易品之间的价格差距将越拉越大。结果，当贸易品和非贸易品之间互补性较强时，短期内贸易品消费的增长幅度大于长期内贸易品消费的增长幅度 $\tilde{C}_T > \hat{C}_T$，短期内较大的贸易品消费增长幅度必然需要削减净外国资产存量。正是由于贸易品消费在长期和短期内的非对称调整，造成了净国外资产持有量下降。换句话说，经常账户出现赤字，且 $\hat{C}_T < \hat{P}_T^x < \tilde{C}_T$。

情形三：当 $\sigma < \theta$ 时，同期消费替代弹性比跨期消费替代弹性大，贸易品和非贸易之间的替代程度较高，一单位持久性价格贸易条件改善冲击会提高贸易品消费，$\hat{C}_T > 0$，而消减非贸易品消费需求，$\hat{C}_N < 0$。由于非贸易品价格短期粘性只有在下一期才能提高，所以长期贸易品消费增长幅度要大于短期贸易品消费增长幅度 $\hat{C}_T > \tilde{C}_T$。另外，由于短期内贸易品消费增长较小，这将有利于积累更多的净外国资产以满足未来长期内贸易品消费的更快增长需要。结果，在这种非对称的调整过程中，经常账户实现盈余，且有 $\hat{C}_T > \hat{P}_T^x > \tilde{C}_T$。

通过上述分析不难看出，持久性价格贸易条件改善冲击对经常账户的影响效应依赖于贸易品消费在长期和短期内的调整。反过来，贸易品消费的长短期调整依赖于贸易品和非贸易品之间的替代关系，如果贸易品和非贸易品之间替代程度较高，在非贸易部门存在名义价格刚性的条件下，持久性价格贸易条件改善冲击会提高净外国资产持有量，进而实现经常账户盈余。相反，如果贸易品和非贸易品之间互补性较强，持久性价格贸易条件改善冲击将导致经常账户赤字。

4.3 不可预期的暂时性价格贸易条件冲击对经常账户的动态影响

当不可预期的暂时性价格贸易条件改善冲击发生时，$\hat{P}_T^x > 0$ 和 $\tilde{P}_T^x = 0$。方程（4-19）~方程（4-28）保持不变，除了方程（4-25）和方程（4-26）变为方程（4-25a）和方程（4-26a）以外：

$$\hat{C}_T = r\hat{b} \tag{4-25a}$$

$$\hat{b} = \tilde{P}_T^x - \tilde{C}_T \tag{4-26a}$$

为了分析不可预期的暂时性价格贸易条件改善冲击效应，需要同时求解方程（4-19）~方程（4-24）、方程（4-25a）、方程（4-26a）和方程（4-27）~方程（4-28）。具体解的形式为：

$$\hat{y}_N = \hat{C}_N = \frac{r\gamma(\sigma - \theta)}{a_0} \tilde{P}_T^x \tag{4-37}$$

$$\hat{C}_T = \frac{r[\theta(1-\gamma) + \sigma(\theta+\gamma)]}{a_0} \tilde{P}_T^x \tag{4-38}$$

$$\hat{P}_N = \frac{r(1+\sigma)}{a_0} \tilde{P}_T^x \tag{4-39}$$

$$\hat{P} = \frac{r(1+\sigma)(1-\gamma)}{a_0} \tilde{P}_T^x \tag{4-40}$$

$$\hat{C} = \frac{r\sigma\gamma(1+\theta)}{a_0} \tilde{P}_T^x \tag{4-41}$$

$$\hat{b} = \frac{\theta(1-\gamma) + \sigma(\theta+\gamma)}{a_0} \tilde{P}_T^x \tag{4-42}$$

$$\tilde{C}_T = \tilde{C}_N = \tilde{y}_N = \frac{\sigma r[\sigma(1-\gamma) + (1+\theta\gamma)]}{a_0} \tilde{P}_T^x \tag{4-43}$$

中国价格贸易条件冲击的动态传导机制与效应研究

$$\hat{C}_T - \tilde{C}_T = \frac{r(\sigma - \theta)(1 - \gamma)(1 + \sigma)}{a_0} \tilde{P}_T^x \qquad (4-44)$$

暂时价格贸易条件改善冲击，对小型开放经济体影响效应可以归纳，如表4-2所见：

表4-2　　　　　不可预期的暂时性价格贸易条件冲击效应

	$\sigma = \theta$	$\sigma > \theta$	$\sigma < \theta$
$\hat{y}_N = \hat{C}_N$	0	+	−
$\hat{C}_T$	+	+	+
$\hat{C}$	+	+	+
$\hat{P}_N$	+	+	+
$\hat{P}$	+	+	+
$\hat{b}$	+	+	+
$\hat{C}_T - \tilde{C}_T$	0	−	+
$\tilde{C}_N = \tilde{C}_T = \tilde{y}_N$	+	+	+

注意尽管改善冲击是暂时性的，但贸易品相对于非贸易品而言在长期和短期内都显得更便宜。这主要是因为即使暂时性冲击结束以后，非贸易品价格依然上涨。在这种情况下，无论跨期消费替代弹性 σ 与同期消费替代弹性 θ 之间谁大谁小，理性经济个体都会在长期和短期内，增加对贸易品的消费和提高净外国资产持有量。但是，由于理性经济个体存在消费光滑行为，所以，暂时性价格贸易条件冲击引致的贸易品消费增长与价格贸易条件变化不成正比，$\tilde{C}_T < \tilde{P}_T^x$。结果，暂时性价格贸易条件改善冲击总是能够实现经常账户盈余，产生更高的净外国资产存量以便支持未来长期增长的贸易品消费。然而，暂时性价格贸易条件改善冲击对非贸易品产出和消费的影响效应，依然依赖于跨期和同期消费替代弹性的相对大小。

— 76 —

同样地，也分三种情况：（1）$\sigma = \theta$，（2）$\sigma > \theta$，（3）$\sigma < \theta$。

情形一：$\sigma = \theta$，此时效用函数是对数分离形式，一个暂时性价格贸易条件改善立即在短期内提升了贸易品消费，价格贸易条件的改善意味着贸易品在短期和长期内都比较便宜，所以长期内贸易品的消费也是增加的。由于 $\sigma = \theta$，所以跨期和同期消费替代弹性相互抵消，从长期来看，贸易品消费增长对非贸易品消费没有溢出效应。所以，当 $\sigma = \theta$ 时，暂时性价格贸易条件冲击改善只在短期和长期内提高了贸易品的消费水平。

情形二：$\sigma > \theta$，一单位暂时性价格贸易条件改善冲击提高长期贸易消费 $\tilde{C}_T > 0$，贸易品消费的提高会刺激非贸易产品部门的生产和消费的扩张 $\tilde{C}_N > 0$，这是因为贸易品与非贸易品之间同期消费替代弹性偏小（相对于跨期消费替代弹性 σ 而言）。另外值得注意的是，鉴于长期内非贸易品价格上涨和相对偏低的同期消费替代弹性，暂时性价格贸易条件改善冲击对贸易品消费的影响效应在短期内显得更大，$\hat{C}_T < \tilde{C}_T$。

情形三：$\sigma < \theta$，同期消费替代弹性偏大（相对于跨期消费替代弹性而言）。贸易品和非贸易品之间的消费溢出效应是负的，贸易品受暂时性价格贸易条件改善冲击影响提高后 $\tilde{C}_T > 0$，会抑制和削减非贸易部门的生产和消费，$\tilde{C}_N < 0$。而且，受贸易品和非贸易品替代程度较强等因素影响，贸易品消费的增长幅度在短期内相对偏小。

4.4　本章小结

本章使用一个具有粘性价格和不完全竞争市场环境特征的跨期模型考察了持久性和暂时性价格贸易条件冲击效应。模型推演得出了三点结论：其一，无论价格是否刚性，暂时性价格贸易条件改善或恶化冲击都会导致经常账户盈余或赤字。这与塞奇（Sach,

1981）、奥伯斯法尔德（Obstfeld，1982）、斯文松和拉津（Svensson，Razin，1983）得到的结论基本一致。他们也认为，只有在暂时性价格贸易条件冲击时，著名的 HLM 效应才成立。其二，在存在名义价格刚性和不完全竞争市场条件下，持久性价格贸易条件冲击对经常账户的影响具有较大的不确定性，也可能是盈余，也可能是赤字，这主要取决于同期和跨期替代弹性。当价格调整充分灵活时，持久性价格贸易条件冲击对经常账户和净国外资产持有量没有影响。这与奥伯斯法尔德 – 斯文松 – 拉津（Obstfeld – Svensson – Razin）模型发现的持久性价格贸易条件冲击对经常账户没有影响的结论有所不同。其三，当持久性冲击发生时，价格贸易条件对长期非贸易品的消费（$\hat{C}_N$）和产出（$\hat{y}_N$）、长期非贸易品的价格（$\hat{P}_N$）、长期整体价格指数（$\hat{P}$）以及短期贸易品消费（$\tilde{C}_T$）、短期非贸易品消费（$\tilde{C}_N$）和产出（$\tilde{y}_N$）的影响被放大。其四，当价格调整充分灵活时，跨期欧拉方程显示最优消费增长路径是平的。这样一来，即使持久性价格贸易条件冲击，经济个体的净国外资产持有量依然保持不变。

第 5 章

价格贸易条件冲击效应的数理模型

本章在一个小型开放经济体框架下考察了价格贸易条件恶化冲击效应。与第 4 章相比,本章有两个特点:一是所考察的价格贸易条件冲击类型更为丰富,不仅考察了不可预期的持久性冲击效应和暂时性冲击效应,而且还研究了可预期的持久性价格贸易条件冲击效应以及预期错误(把持久性冲击错误地预期为暂时性冲击)效应。二是研究范围进一步扩大,不仅考察了不同类型价格贸易条件冲击对实际支出、财富边际效应和经常账户等宏观经济变量的影响,而且还度量冲击对社会福利损失的影响。本章共包括五个部分:第一部分构建了数理分析模型,第二部分分析了均衡稳态特征,第三部分考察了 4 种不同类型的价格贸易条件恶化冲击的影响效应,第四部分分析了 4 种不同类型的价格贸易条件恶化冲击对社会福利的影响,第五部分为本章小结。

5.1 数理模型构建

一、模型框架

考虑一个由固定数量同质家庭构成的小型开放经济体，家庭具有完美预期和无限期寿命。代表性家庭消费国内产品 d 和国外产品 f。相对于整个世界和国际资本市场而言，整个经济体的体量较小，面对既定的价格贸易条件 p 和世界利率 r^*。t 时刻代表性家庭的消费函数定义为：

$$c(t) = c(d(t), f(t)) \tag{5-1}$$

其中，$c(\cdot)$ 是正的线性齐次聚合函数，具有递增和凹性。由于 $c(\cdot)$ 是位似效用函数，所以家庭效用最优化问题可以分两个阶段来实现。第一阶段，代表性家庭在给定替代效用水平 $c(t)$ 的条件下最小化成本，$z_c(t) = p(t)d(t) + f(t)$。其中，$p(t)$ 代表国内产品相对价格，对于任意的 $c(t)$，最优消费篮子 $(d(t), f(t))$ 的解满足式 (5-2)：

$$p_c(p(t))c(t) = \min_{\{d(t), f(t)\}} \{p(t)d(t) + f(t) : c(d(t), f(t)) \geq c(t)\} \tag{5-2}$$

第二阶段，代表性家庭在一定的流动性预算约束下，选择他们的实际支出，c，和可交易债券存量增长率来最大化他们的目标效用函数：

$$\max_{c(t)} \int_0^\infty u[c(t)] \exp(-\delta t) dt, u_c > 0, u_{cc} < 0 \tag{5-3a}$$

服从如下约束条件：

$$\dot{b}(t) = r^* b(t) + p(t)y(t) - p_c(p(t))c(t) \tag{5-3b}$$

$$b(0) \text{ 给定} \tag{5-3c}$$

$$\lim_{t \to \infty} \exp(-r^* t)b(t) \geq 0 \tag{5-3d}$$

这里，δ 表示消费贴现率，$p_c(p)$ 表示消费价格指数，方程

（5-3d）是非蓬齐博弈条件。每个家庭都有一定的财富禀赋，包括 y 单位国内出口产品和以外国产品表示的利率为 r^* 的净外国债券存量 b。

二、宏观均衡

为了得到宏观经济均衡，首先，推导家庭消费最优化条件，并把这些最优化条件与存量方程相结合，可得：

$$u_c(c(t)) = \lambda(t)p_c(p(t)) \qquad (5-4a)$$

$$\dot{\lambda}(t) = \lambda(t)(\delta - r^*) \qquad (5-4b)$$

$$\lim_{t \to \infty}\bar{\lambda}b\exp(-r^*t) = 0 \qquad (5-5)$$

其中，方程（5-5）为横截条件，λ 是与动态方程（5-3b）相联系的共态变量。

方程（5-4a）是静态有效条件，方程（5-4a）要求实际支出的当前边际效用必须与以国内产品度量的国际可交易债券的财富边际效用 $p_c\lambda$ 相等。方程（5-4b）是动态有效条件，要求消费收益率 $\delta - \dfrac{\dot{\lambda}}{\lambda}$ 等于可交易债券收益率 r^*。

关于常数时间偏好率和外生世界利率，我们假定二者相等，即：

$$\delta = r^* \qquad (5-6)$$

施加这种假设的目的是保证存在内部解，该假设条件意味着财富的边际效用 λ 必须保持不变，才能推导零根属性。

三、静态有效条件

求解静态有效条件式（5-4a），可获得短期宏观均衡：

$$c = c(\bar{\lambda}, p) \qquad c_{\bar{\lambda}} < 0, \ c_p < 0 \qquad (5-7)$$

其中，$c_{\bar{\lambda}} = \dfrac{p_c}{u_{cc}} < 0$，$c_p = \dfrac{[p'_c\bar{\lambda}]}{u_{cc}} < 0$。以外国产品度量的财富边际效用 $\bar{\lambda}$ 提高，导致理性经济个体减少其实际支出。鉴于财富边际效用的变动效用，价格贸易条件改善通过提高消费者价格指数来提高以国内商品度量的财富边际效用，最终导致消费水平下降。

四、跨期预算约束

理性经济个体持有外国可交易债券存量的动态路径为:

$$b(t) = e^{r^*t}\left[b_0 + \frac{(py - p_c c(\bar{\lambda}, p))}{r^*}(1 - e^{-r^*t})\right] \quad (5-8)$$

这里,通过对累积方程(5-3b)进行积分才得到的式(5-8),b_0 表示期初给定的外国债券存量。通过调用横截条件方程(5-5),可获得小型开放经济体的跨期偿付约束条件如下:

$$b_0 = -\frac{(py - p_c c(\bar{\lambda}, p))}{r^*} = \bar{b} \quad (5-9)$$

五、平稳状态

由方程(5-9)可知,到目前为止,我们还没有考虑经济系统的动态转移特征,假定经济系统始终处于平稳状态,平稳状态下经济系统可以简化为如下三个方程:

$$u_c(\bar{c}) = \bar{\lambda}p_c(p) \quad (5-10a)$$
$$r^*\bar{b} + py - p_c\bar{c} = 0 \quad (5-10b)$$
$$b_0 = \bar{b} \quad (5-10c)$$

当不可预期的价格贸易条件冲击发生时会怎么样呢? 方程(5-10c)显示,外国资产存量不受任何影响,与初始值一样。方程(5-10b)显示,经常账户的长期平衡需要对实际消费支出进行瞬间调整。方程(5-10a)显示,为保证消费边际效用和以国内产品表示的财富边际效用之间的相等关系,价格贸易条件冲击发生时,λ 的动态路径必须要发生一个跳跃。

5.2 均衡动态

一、均衡动态

现在,来考察模型的均衡动态特征。将式(5-7)带入式

（5－3b）和式（5－4b）中，并围绕稳态点（$\bar{b}$，$\bar{\lambda}$）进行对数线性化处理可有：

$$\begin{pmatrix} \dot{b}(t) \\ \dot{\lambda}(t) \end{pmatrix} = \begin{pmatrix} r^* & -p_c c_{\bar{\lambda}} \\ 0 & 0 \end{pmatrix} \begin{pmatrix} b(t) - \bar{b} \\ \lambda(t) - \bar{\lambda} \end{pmatrix} \qquad (5-11)$$

方程（5－11）的特征方程为：$-\mu_i(r^* - \mu_i) = 0$，由此特征方程可得两个特征根，一个是零特征根：$\mu_1 = 0$，另一个是 $\mu_2 = r^* > 0$。特征向量是：$\omega_2^i = \dfrac{(r^* - \mu_i)}{p_c t_{\bar{\lambda}}}$。方程（5－11）所表示的线性系统的一般解如下：

$$b(t) = \bar{b} + A_1 + A_2 e^{\mu_2 t} \qquad (5-12a)$$

$$\lambda(t) = \bar{\lambda} + \frac{r^*}{p_c t_{\bar{\lambda}}} A_1 \qquad (5-12b)$$

为了最终达到稳态点（$\bar{b}$，$\bar{\lambda}$）和满足横截条件，必须将一般解中的任意常数 A_1 和 A_2 设置为零，因此，经济系统平稳路径为：

$$b(t) = \bar{b} \qquad (5-13a)$$

$$\lambda(t) = \bar{\lambda} \qquad (5-13b)$$

从式（5－13）中不难看出，如果经济体初始状态平稳，在面对不可预期的持久性价格贸易条件波动后，经济体的调整过程是瞬间完成的。但如果面临的是暂时价格贸易条件冲击，则调整过程遵循一个确定的转移动态路径。

二、可行性稳态

我们定义一个可行的稳态 i，对应的该状态下的价格贸易条件表示为：p_i，可交易外国资产存量为 b_{T_i}，初始时刻为 T_i。具体的可行性稳态由下列方程描述：

$$u_c(\bar{c}_i) = \bar{\lambda}_i p_c(p_i) \qquad (5-14a)$$

$$r^* \bar{b}_i + p_i \bar{y} - p_c(p_i)\bar{c}_i = 0 \qquad (5-14b)$$

$$\bar{b}_i = b_{T_i} \qquad (5-14c)$$

使用舒伯特和图尔诺夫斯泰（Schubert，Turnovsky，2002）提出的两步法求解方程系统（5-14），便可得到可行性稳态值。首先，求解方程（5-14a）和方程（5-14b）中的 $\bar{c}_i$ 和 $\bar{b}_i$：

$$\bar{c}_i = t(\bar{\lambda}_i, \ p_i) \qquad t_{\bar{\lambda}} < 0, \ t_p < 0 \qquad\qquad (5-15a)$$

$$\bar{b}_i = v(\bar{\lambda}_i, \ p_i) \qquad v_{\bar{\lambda}} < 0, \ v_p < 0 \qquad\qquad (5-15b)$$

把式（5-15b）带入式（5-14c）中，并使用跨期偿付约束条件式（5-16），可求解 $\bar{\lambda}_i$：

$$v(\bar{\lambda}_i, \ p_i) = b_{T_i} \qquad\qquad\qquad (5-16)$$

$$\bar{\lambda}_i = \lambda(b_{T_i}, \ p_i) \qquad \bar{\lambda}_b < 0, \ \bar{\lambda}_p < 0 \qquad\qquad (5-17)$$

无论什么时候出现一个持久性的价格贸易条件冲击，初始条件都是 $b_{T_i} = b_0$，在这种情况下，方程（5-17）决定 $\bar{\lambda}_i$，方程（5-15a）和方程（5-15b）决定 $\bar{c}_i$ 和 $\bar{b}_i$。这意味着，稳态依赖于初始条件，因此暂时性冲击具有持久效应。当冲击是暂时性时，我们必须考虑可交易债券存量在过渡期（0，T）的累积过程，这意味着一个新的稳态条件 b_T 即将形成，因此，一旦暂时性冲击结束，经济系统将处于新的稳态水平。

5.3 不同成分的价格贸易条件冲击效应分析

本节具体考察四种不同类型的价格贸易条件冲击对实际支出和外国债券存量的长期影响和短期影响。分别是：不可预期的持久性价格贸易条件冲击；不可预期的暂时性价格贸易条件冲击；未来可预期的持久性价格贸易条件冲击以及把持久性价格贸易冲击错误地判断为暂时性冲击。

5.3.1 不可预期的持久性价格贸易条件冲击效应

假定小型开放经济系统在初始时刻（t = 0）处于均衡稳态，且均衡稳态时，经济体是国内商品的净出口国，即（y - $\bar{d}$）> 0。考虑

t = 0 时刻，价格贸易条件从 p_0 永久地下降到 p_1，假设经济个体知道价格贸易条件会恶化，但具体的恶化时间 t = 0 是不可预期的。在此背景下，考虑价格贸易条件恶化效应。

面对价格贸易条件持久性恶化 dp < 0，实际支出和实际收入立即下降，且二者的下降幅度相同，而可交易债券存量不发生变化。

$$\frac{d\bar{c}}{dp}\Big|_{perm} = \frac{\partial\bar{c}}{d\bar{\lambda}}\frac{\partial\bar{\lambda}}{dp} + \frac{\partial\bar{c}}{\partial p} = \frac{(y-\bar{d})}{p_c} > 0 \qquad (5-18a)$$

$$\frac{d\bar{\lambda}}{dp}\Big|_{perm} = \frac{u_{cc}(y-\bar{d})}{p_c^2} - \frac{p'_c\bar{\lambda}}{p_c} < 0 \qquad (5-18b)$$

$$\frac{d\bar{b}}{dp}\Big|_{perm} = \frac{\partial\bar{b}}{d\bar{\lambda}}\frac{\partial\bar{\lambda}}{dp} + \frac{\partial\bar{b}}{\partial p} = 0 \qquad (5-18c)$$

从方程（5-18b）中不难看出，价格贸易条件 p 的永久下降产生了两方面效应，一个是财富效应：即价格贸易条件 p 下降，引起国内实际收入下降进而导致总消费水平下降，财富效应的比例为 $(y-\bar{d})$。另一个效应是，相对价格效应，价格贸易条件 p 的负向变化使得国内产品相对于外国产品更便宜，所以代表性家庭对国内产品消费 d 上升，而对国外产品 f 的消费下降，相对价格效应的比例为 $\alpha_c \equiv \frac{p_c'p}{p_c}$，这也是国内产品在总消费支出中所占的比例份额。上述两方面效应对以外国产品表示的财富边际效用具有相同的正向影响，共同引致财富边际效用提升。而稳态时总消费 c 的变化等于两种效应之和，总体消费水平下降。总的来说，不可预期的价格贸易条件持久性的效应可以概括为：总消费水平下降，以外国产品表示的财富边际效用提高，外国债券存量保持不变。

5.3.2　不可预期的暂时性价格贸易条件冲击效应

现于区间（0，T）内考察暂时性价格贸易条件恶化冲击的长期效应和短期效应。假定在 t = 0 时刻，价格贸易条件从初始水平

p_0 下降至 p_1，然后在 $t = T$ 时刻，价格贸易条件又恢复至初始水平，$p_T = p_0 > p_1$。

受此不可预期的暂时性价格贸易条件恶化冲击的影响，财富边际效用路径变化如下：

$$\left.\frac{d\bar{\lambda}}{dp}\right|_{temp} = -\frac{v_p}{v_{\bar{\lambda}}}(1 - e^{-\mu_2 T}) = \lambda_p(1 - e^{-\mu_2 T}) = \left.\frac{d\bar{\lambda}}{dp}\right|_{perm}(1 - e^{-u_2 T}) < 0$$

$$(5-19)$$

其中，$\mu_2 = r^*$。$0 < (1 - e^{-r^*T}) < 1$ 是关于时间 T 的单调增函数。$\lambda_p = \left.\frac{d\bar{\lambda}}{dp}\right|_{perm} < 0$ 表示财富边际效用对不可预期持久性价格贸易条件恶化的反应，从方程（5-19）中不难看出，财富边际效用对不可预期的暂时性价格贸易条件恶化效应的反应模式与对持久性恶化冲击的反应模式是相同的，只是在反应程度上偏低。

当暂时性价格贸易条件恶化冲击发生时，财富效应通过提高财富边际效用使得家庭减少其实际消费支出，但实际支出下降的幅度小于持久性冲击来临时实际支出下降的幅度。因为理性消费者知道价格贸易条件恶化冲击是暂时的，为了满足跨期预算约束而减少的实际支出的现值小于同等条件下持久性价格贸易条件恶化冲击引致减少的实际支出的现值。

一、影响效应与转移动态

由方程（5-15）可知，对实际支出变化路径的影响如下：

$$\left.\frac{dc(0)}{dp}\right|_{temp} = \frac{(y - \bar{d})}{p_c}(1 - e^{-r^*T}) - \frac{\sigma\bar{d}e^{-r^*T}}{p_c} \qquad (5-20a)$$

$$\left.\frac{dc(0)}{dp}\right|_{temp}^{T\to\infty} = \frac{(y - \bar{d})}{p_c} = \left.\frac{d\bar{c}}{dp}\right|_{perm} \qquad (5-20b)$$

其中，σ 是跨期替代弹性，从方程（5-20a）中不难看出，在暂时性价格贸易条件恶化冲击下，实际支出可能上升也可能下降，这主要取决于财富效应（方程（5-20a）右边第一项）大于还是小于跨期投机效应（方程（5-20a）右边第二项）。方程（5-

20b）预示着，当面临一个持续性较强的暂时价格贸易条件冲击时，实际支出的下降幅度与持久性冲击导致的下降幅度相同。一旦实际支出完成下跳，其时间路径再次呈水平状态。在 $t = T$ 时刻，当价格贸易条件恢复至初始水平时，以国内商品度量的财富边际效用突然上升，$p_c(p_2)\bar{\lambda} > p_c(p_1)\bar{\lambda}$，这会导致实际支出立刻降至最终的稳态水平 $\bar{c}_2$。

即使存在零根属性，一个暂时性的价格贸易条件恶化冲击也会引起外国资产存量路径发生改变，当然这种变化是暂时的，且具有单调性。具体在（0，T）区间内，国际可交易债券存量下降路径如下：

$$ca(t) = \dot{b}(t) = -r^* v_p e^{r^*(t-T)}dp = [(y - \bar{d}) + \bar{d}\sigma]e^{r^*(t-T)}dp < 0$$

$$(5-21)$$

其中，ca 表示经常账户，由于 e^{r^*} 项的存在，方程（5-21）所描述的可交易债券存量转移动态路径具有不稳定性。与持久性价格贸易条件恶化冲击对可交易债券存量没有影响不同，暂时价格贸易条件恶化冲击发生时，考虑到国际偿付能力问题，经济体以递增的速率削减其自身的债券存量。到 $t = T$ 时刻，随着暂时性价格贸易条件恶化冲击结束，净国外资产存量达到低位，$b(T) < b(0)$，削减结束。此时，当期账户立即恢复平衡，$b(T) = \bar{b}_2 = \dfrac{-(p_2 y - p_c(p_2)\bar{c}_2)}{r^*}$。

二、长期效应分析

继续考察不可预期的暂时性价格贸易条件恶化冲击的长期效应。面对不可预期的暂时性冲击时，相比初始均衡状态 $\bar{c}_0$、$\bar{b}_0$ 而言，最终的均衡稳态变化如下：

$$\left.\frac{d\bar{c}}{dp}\right|_{temp} = t_{\bar{\lambda}}\left.\frac{d\bar{\lambda}}{dp}\right|_{temp} \begin{matrix} > \\ < \end{matrix} \left.\frac{d\bar{c}}{dp}\right|_{perm} = t_{\bar{\lambda}}\lambda_p + t_p > 0 \quad (5-22a)$$

$$\left.\frac{d\bar{b}}{dp}\right|_{temp} = v_{\bar{\lambda}}\left.\frac{d\bar{\lambda}}{dp}\right|_{temp} > \left.\frac{d\bar{b}}{dp}\right|_{perm} = v_{\bar{\lambda}}\lambda_p + v_p = 0 \qquad (5-22b)$$

其中，$t_{\bar{\lambda}} < 0$，$v_{\bar{\lambda}} < 0$，$\left(\dfrac{d\bar{\lambda}}{dp}\right)_{temp} = \lambda_p(1 - e^{-r^*T})$。

此处存在这样一个冲击持久长度，定义为 $\hat{T}$，在此冲击时间长度内，面对持久性冲击和暂时性冲击，主要宏观经济变量的长期变化是相等的。

$$\hat{T} = -\frac{1}{r^*}\log\left[-\frac{t_p}{t_{\bar{\lambda}}\lambda_p}\right] = -\frac{1}{r^*}\log\left[\frac{\dfrac{\sigma\bar{d}}{p_c}}{\dfrac{(y-\bar{d})}{p_c} + \dfrac{\sigma\bar{d}}{p_c}}\right] \qquad (5-23)$$

令冲击时间长度 T 趋于无限大，这意味着：

$$\left.\frac{d\bar{c}}{dp}\right|_{temp}^{T\to\infty} = t_{\bar{\lambda}}\left.\frac{d\bar{\lambda}}{dp}\right|_{temp}^{T\to\infty} = \left.\frac{d\bar{c}}{dp}\right|_{perm} + \frac{\sigma\bar{d}}{p_c} > \left.\frac{d\bar{c}}{dp}\right|_{perm} > 0 \qquad (5-24a)$$

$$\left.\frac{d\bar{b}}{dp}\right|_{temp}^{T\to\infty} = v_{\bar{\lambda}}\left.\frac{d\bar{\lambda}}{dp}\right|_{temp}^{T\to\infty} > 0 \qquad (5-24b)$$

$$\left.\frac{d\bar{\lambda}}{dp}\right|_{temp}^{T\to\infty} = \left.\frac{d\bar{\lambda}}{dp}\right|_{perm} > 0 \qquad (5-24c)$$

与持久性价格贸易条件恶化冲击相比，长持续性（T→∞）的暂时价格贸易条件恶化冲击发生时，实际支出下降幅度要更大。这在直观上不难理解，因为相对价格变化只是暂时的，最终只有财富效应存在。因此，实际支出的稳态值只受财富边际效用变化影响，不受相对价格 p 变化影响。因为无论冲击持久性有多强，价格贸易条件最终都被预期回归至初始水平。此外，外国资产存量也减少，在区间（0，T）内，光滑效应连同跨期投机效应一起促使经济个体减持净外国资产，直到 $b_T = \bar{b}_2$。低的长期净外国资产水平与跨期偿付约束一致，允许小型开放经济体达到一个新的均衡稳态：

$$r^* \bar{b}_2 + p_2 y = p_c(p_2)\bar{c}_2 \qquad (5-25)$$

其中，$p_2 = p_0$，$\bar{c}_2 < \bar{c}_0$。

只有当锋刃条件（knife-edge condition）成立时，即滞后效应（hysteresis effect）发挥作用时，持久性冲击和暂时性冲击才会表现出不同的甚至相反的长期效应和短期效应。如果暂时性价格贸易条件冲击持续时间较短，则跨期投机效应促使消费者提高他们的初始消费水平。一旦冲击结束，以国内产品度量的财富边际效用突然从 $p_c(p_1)\bar{\lambda}$ 水平跳跃至 $p_c(p_2)\bar{\lambda}$ 水平，而实际支出将至一个更低的水平，但高于持久性冲击所造成的水平。如果冲击具有较强的持续性（$T_2 > \hat{T}$），则财富效应大于跨期投机效应，实际支出开始下降。一旦价格贸易条件恢复至初始路径，实际支出会立即达到一个更低的水平，这个水平比持久性冲击的还要低。随着实际支出的持续降低，长期经常账户均衡要求减持国际可交易债券。

5.3.3 未来可预期的持久性价格贸易条件冲击效应

考虑一个未来可预期的价格贸易条件持久性恶化 $dp \equiv p_2 - p_1 = p_T - p_0 < 0$，假定理性经济个体在 $t = 0$ 时刻充分预期到价格贸易条件将在 $t = T$ 时刻发生持久性恶化，从 $p_0 = p_1$ 降至 $p_T = p_2$。

一个可预期的持久性价格贸易条件恶化冲击，对财富边际效用的影响如下：

$$\left.\frac{d\bar{\lambda}}{dp}\right|_{fut} = -\frac{v_p}{v_{\bar{\lambda}}}e^{-\mu_2 T} = \lambda_p e^{-r^* T} = \left.\frac{d\bar{\lambda}}{dp}\right|_{perm} e^{-r^* T} < 0 \quad (5-26)$$

由式（5-26）可知，一旦理性经济个体充分预期到未来本国产品相对价格下降后，以国际可交易债券度量的财富影子价格会在 $t = 0$ 时刻立即跃升。但与不可预期的持久性价格贸易条件冲击相比，由于 $e^{-r^* T}$ 项的存在，财富影子价格 λ 的初始跃升幅度相对温和些。

在 $t = 0$ 时刻，财富边际效应的突然增加，引起了实际支出立刻下降和经常账户盈余：

$$\frac{dc(0)}{dp}\bigg|_{fut} = \left[\frac{(y-\bar{d})}{p_c} + \frac{\sigma\bar{d}}{p_c}\right]e^{-r^*T} > 0 \quad (5-27a)$$

$$ca(0) = \dot{b}(0) = r^* v_p e^{-r^*T}dp = -\left[(y-\bar{d}) + \bar{d}\sigma\right]e^{-r^*T}dp > 0$$
$$(5-27b)$$

其中，式（5-27a）由式（5-15a）推导而来，因为财富效应和跨期投机效应同方向作用，所以实际支出肯定下降。一方面，在 t = 0 时刻，财富现值减少；另一方面，由于人们完全预期未来价格贸易条件会恶化，所以这会引起基于消费的实际利率短期升高，致使实际利率大于时间偏好率，即：$r^c = r^* - \frac{\alpha_c \dot{p}}{p} > r^* = \delta$，这些效应都会导致实际支出 c 下降。式（5-27b）显示，跨期消费替代弹性 σ 越大，就越能激励消费者增加未来消费，初始实际支出下降就越大，这些最终就会转化为更多的经常账户盈余。

与暂时性冲击效应情况类似，未来可预期的持久性价格贸易条件恶化要求外部资产头寸有一个暂时的单调的调整过程：

$$ca(t) = \dot{b}(t) = r^* v_p e^{-r^*(t-T)}dp = -\left[(y-\bar{d}) + \bar{d}\sigma\right]e^{-r^*(t-T)}dp > 0$$
$$(5-28)$$

尽管冲击是持久性的，但是在未来才会发生，在过渡期（0，T）内，光滑效应促使经济个体持续增持外国债券。当时刻 T 到来后，价格贸易条件 p 真实下降，经常账户均衡立即恢复，实际支出也达到了长期均衡稳态值。实际支出的变化，依赖于价格贸易条件恶化发生的时间 T。

$$\frac{d\bar{c}}{dp}\bigg|_{fut} = t_{\bar{\lambda}}\lambda_p e^{-r^*T} + t_p = \frac{(y-\bar{d})}{p_c}e^{-r^*T} - \frac{\sigma\bar{d}}{p_c}(1 - e^{-r^*T}) \neq 0$$
$$(5-29a)$$

$$\frac{d\bar{c}}{dp}\bigg|_{fut}^{T\to\infty} = -\frac{\sigma\bar{d}}{p_c} < 0 \quad (5-29b)$$

价格贸易条件恶化从 $p_0 = p_1$ 至 $p_T = p_2$，通过降低消费者价格指数，导致以外国商品度量的财富边际效用下降，从 $p_c(p_1)$

$\bar{\lambda}$ 到 $p_c(p_2)\bar{\lambda}$，这将鼓励理性经济个体提高他们的实际支出水平，所起的作用恰恰与财富效应相反。从式（5-29a）不难看出，面对一个可预期的持久性价格贸易条件恶化冲击，实际支出的长期变化路径取决于两方面力量：一个是财富效应，是冲击实际发生时间长度的减函数；另一个是相对价格效应，是冲击实际发生时间长度的增函数；预期价格贸易条件恶化的时间点越远，价格贸易条件冲击发生的准备时间就越长，财富现值下降得也就越低，消费者推迟当前消费的意愿也就越弱。这里，存在一个最优的时间点 $\tilde{T}$，在此时间点 $\tilde{T}$ 上，财富效应和相对价格效应正好相互抵消。

$$\tilde{T} = -\frac{1}{r^*}\log\left[\frac{\dfrac{\sigma\bar{d}}{p_c}}{\dfrac{(y-\bar{d})}{p_c}+\dfrac{\sigma\bar{d}}{p_c}}\right] = \hat{T} \qquad (5-30)$$

当价格贸易条件冲击发生的准备时间充分长（$T_2 > \tilde{T}$）时，相对价格效应占主导地位，所以长期实际支出在新的稳态点上会达到一个较高的水平，令其为 $\bar{c}_{fut}^{T_2}$。这一点不难理解，因为外部负向冲击发生的时间比较遥远，当前财富值不变。无论冲击何时发生，国外债券存量均提高。

$$\frac{db}{dp}\bigg|_{fut} = v_{\bar{\lambda}}\lambda_p e^{-r^*T} + v_p = v_p(1-e^{-r^*T}) < 0 \qquad (5-31)$$

与 $t=0$ 时刻不可预期的持久性价格贸易条件恶化冲击相比，可预期的持久性价格贸易条件恶化冲击发生时，理性经济个体为了光滑自己的消费路径，需要积累一些外国可交易债券。与不可预期的暂时性价格贸易条件恶化冲击相比，即使近期出现的负向冲击导致长期实际支出下降，但冲击持久性的本质和实际收入的下降迫使利息收入提高，这反过来要求国际可交易债券在过渡期内上升。

5.3.4 预期错误效应

考虑 $t = 0$ 时刻，价格贸易条件恶化从 p_0 降至 p_1 ($p_0 > p_1$)。理性经济个体预期负向价格贸易条件冲击持续时间为 $(0, T)$，在区间 $(0, T)$ 内主要变量的转移动态与 5.3.2 小节相同，不再赘述。但是，到了 $t = T$ 时刻，因为价格贸易条件并没有像他们预期的那样恢复至原来的水平，这意味着，理性经济个体预期出现了错误，错误地将持久性冲击预期为暂时性冲击了，这就需要对自身经济行为进行重新调整。由于开始的时候，理性经济个体把冲击视为暂时性的，所以财富现值减少的幅度比预期的要大。在 $t = T$ 时刻，新的判断使得财富边际效用从 $\bar{\lambda}_{temp}$ 跳跃至 $\bar{\lambda}_{fail}$。

在区间 $(0, T)$ 上，冲击仅被视为暂时性冲击，小型开放经济体削减外国资产，在 $t = T$ 时刻，小型开放经济体拥有相对较低的国际可交易债券存量，即：$b_T < b_0$，当被告知冲击是持久性的时候，财富边际效用的均衡值调整如下：

$$\frac{d\bar{\lambda}(T)}{dp}\bigg|_{fail} = \lambda_p < 0 \qquad (5-32)$$

由式 (5-32) 可知，财富边际效用在 $t = T$ 时刻立即提高，其提高幅度与持久性冲击后提高的幅度相同。尽管以国际可交易债券形式表示的财富影子价值已经向上跃升了 $\lambda_p(1 - e^{-r^*T})dp > 0$，但是，在过渡期间 $(0, T)$ 内外国资产的过量削减使得现在需要比持久性冲击更多的积累，这最终会导致 $\bar{\lambda}$ 在整个区间内一个更大的跳跃。

$$\frac{d\bar{\lambda}}{dp}\bigg|_{fail} = \lambda_p(1 - e^{-r^*T}) + \lambda_p = \frac{d\bar{\lambda}}{dp}\bigg|_{temp} + \frac{d\bar{\lambda}}{dp}\bigg|_{perm} < \frac{d\bar{\lambda}}{dp}\bigg|_{perm} < 0$$

$$(5-33)$$

由式 (5-19)、式 (5-26) 和式 (5-33) 可以推演出如下不等式：

$$\bar{\lambda}_{\text{fail}} > \bar{\lambda}_{\text{perm}} > \bar{\lambda}_{\text{temp}} > \lambda_0 > \bar{\lambda}_{\text{fut}} \qquad (5-34)$$

实际支出和净国外资产的长期变化描述如下：

$$\frac{d\bar{c}}{dp}\bigg|_{\text{fail}} = t_{\bar{\lambda}}\frac{d\bar{\lambda}}{dp}\bigg|_{\text{fail}} + t_p = t_{\bar{\lambda}}\left[\lambda_p(1-e^{-r^*T}) + \lambda_p\right] + t_p = \frac{d\bar{c}}{dp}\bigg|_{\text{temp}} + \frac{d\bar{c}}{dp}\bigg|_{\text{perm}} > 0$$
$$(5-35a)$$

$$\frac{d\bar{b}}{dp}\bigg|_{\text{fail}} = v_{\bar{\lambda}}\frac{d\bar{\lambda}}{dp}\bigg|_{\text{fail}} = \frac{d\bar{b}}{dp}\bigg|_{\text{temp}} \qquad (5-35b)$$

联合 5.3.1 小节、5.3.2 小节和 5.3.3 小节的分析结果以及式（5-35a）和式（5-35b）可得出如下不等式关系：

$$\bar{c}_0 > \bar{c}_{\text{fut}}^{T_1} > \bar{c}_{\text{temp}}^{T_1} > \bar{c}_{\text{perm}} > \bar{c}_{\text{temp}}^{T_2} > \bar{c}_{\text{fail}} \qquad (5-36a)$$

$$\bar{b}_{\text{fut}} > \bar{b}_{\text{perm}} = \bar{b}_0 > \bar{b}_{\text{temp}} = \bar{b}_{\text{fail}} \qquad (5-36b)$$

这里，$T_1 < \hat{T} = \tilde{T}$，表示价格贸易条件冲击持续时间较短。相反，$T_2 > \hat{T} = \tilde{T}$ 表示负向冲击时间持续较长。当时间 T 较大时，面对不同类型的价格贸易条件冲击，实际支出的路径变化特点也不尽相同。在经受未来可预期的持久性恶化冲击后，实际支出上升，高于初始状态值；与不可预期的持久性恶化冲击相比，持续性较强的暂时性价格贸易条件恶化冲击导致的实际支出下降幅度更大。

5.4　福利损失分析

暂时性负向价格贸易条件冲击对经济体福利的影响如下：

$$\frac{dU[C(0)]}{dp}\bigg|_{\text{temp}} = \frac{u_c}{r^*}\left[t_{\bar{\lambda}}\frac{d\bar{\lambda}}{dp}\bigg|_{\text{temp}} + (1-e^{-r^*T})t_p\right] = \frac{u_c}{r^*}\frac{d\bar{c}}{dp}\bigg|_{\text{perm}}(1-e^{-r^*T}) > 0$$
$$(5-37a)$$

$$\frac{dU[C(0)]}{dp}\bigg|_{\text{temp}}^{T\to\infty} = \frac{u_c}{r^*}\left[t_{\bar{\lambda}}\frac{d\bar{\lambda}}{dp}\bigg|_{\text{temp}}^{T\to\infty} + t_p\right] = \frac{u_c}{r^*}\frac{d\bar{c}}{dp}\bigg|_{\text{perm}} = \frac{dU[C(0)]}{dp}\bigg|_{\text{perm}} > 0$$
$$(5-37b)$$

式（5-37a）表达了暂时性价格贸易条件恶化冲击会造成福利损失，式（5-37b）进一步给出了持续时间较长的暂时性价格贸易条件恶化冲击对社会福利的影响。尽管持续时间较长的暂时性价格贸易条件恶化冲击所导致的实际支出下降幅度大于持久性价格贸易条件恶化冲击，但对二者导致的福利损失而言却基本一致。

当面对一个可预期的持久性价格贸易条件恶化冲击时，福利变化依赖于冲击是在近期发生还是在远期发生。

$$\frac{dU[C(0)]}{dp}\bigg|_{fut} = \frac{u_c}{r^*}\left[t_\lambda\frac{d\bar{\lambda}}{dp}\bigg|_{fut} + t_p\right]e^{-r^*T} = \frac{u_c}{r^*}\frac{d\bar{c}}{dp}\bigg|_{perm}e^{-r^*T} > 0$$

$$(5-38a)$$

$$\frac{dU[C(0)]}{dp}\bigg|_{fut}^{T\to\infty} = 0 \qquad (5-38b)$$

如果冲击是在近期发生，即冲击到达时间较短，则如式（5-38a）所示，福利变化是负的，即存在福利损失。但与不可预期的持久性冲击福利损失相比要小，这是因为在可预期的持久性冲击发生前有一个过渡期（0，T），在此期间内，实际收入水平比不可预期冲击发生时要高。当冲击是发生在远期，即冲击到达时间较长（T→∞），则如式（5-38b）所示，由于国内产品价格在整个区间内保持在初始水平，瞬间效用收益现值收敛于0，所以福利不发生变化，不存在福利得失。

那么，预期错误会对福利产生怎样的影响呢？错误预期的福利变化等于持久性冲击和暂时性冲击条件下福利变化之和：

$$\frac{dU[C(0)]}{dp}\bigg|_{fail} = \frac{u_c}{r^*}\left[t_\lambda\frac{d\bar{\lambda}}{dp}\bigg|_{fail} + t_p\right] = \frac{u_c}{r^*}\left[\frac{d\bar{c}}{dp}\bigg|_{temp} + \frac{d\bar{c}}{dp}\bigg|_{perm}\right] > 0$$

$$(5-39)$$

并且，理性经济个体越晚意识到冲击是持久性的，其自身的福利损失就越大。

5.5　本章小结

本章在一个小型开放经济体分析框架下，运用舒伯特和图尔诺夫斯泰（Schubert，Turnovsky，2002）提出的两步分析法考察了不可预期的持久性价格贸易条件恶化冲击、不可预期的暂时性价格贸易条件恶化冲击、可预期的持久性价格贸易条件恶化冲击以及预期错误（把持久性冲击错误地预期为暂时性冲击）四种类型冲击对主要宏观经济变量的动态影响以及社会福利变化。研究得出五点结论：

其一，与持久性价格贸易条件恶化冲击相比，面对具有较强持续性的暂时性价格贸易条件恶化冲击时，实际支出的下降幅度更大，这是因为在暂时性冲击条件下，最终的均衡稳态变化仅受财富边际效用变化影响。其二，理性经济个体在经受一个可预期的持久性价格贸易条件恶化冲击后，可能会提高或降低他们的实际支出水平，这主要依赖于冲击是在远期还是在近期发生的。其三，预期错误将导致实际支出出现一个更大幅度的削减。其四，持续性较强的暂时性价格贸易条件恶化冲击与不可预期的持久性价格贸易条件恶化冲击所导致的社会福利损失是相同的。其五，外国资产存量的上升与下降，取决于价格贸易条件恶化冲击是暂时性的还是未来可预期的，而不可预期的持久性价格贸易条件恶化冲击不会导致外国资产存量发生变化。

第 6 章

价格贸易条件冲击传导机制

价格贸易条件冲击不仅仅会扰乱一国的经济增长，而且还可能在相当程度上冲击宏观经济系统的不稳定性。自 20 世纪 50 年代以来，有关价格贸易条件冲击对小型开放经济体影响的传导机制问题得到了广泛的关注。例如：著名的"HLM 效应"（Harberger, Laursen & Metzler, 1950）指出，价格贸易条件的恶化会降低实际收入水平，进而降低储蓄和投资规模，最终导致经常账户平衡的恶化。本章共分 4 个部分：前三部分重点从债务传导、消费和储蓄传导以及投资传导三个方面研究了价格贸易条件影响经济增长的内在机制和传递机理，第四部分为本章小结。

6.1 债务传导机制与数值模拟

近年来，大量的实证研究发现，价格贸易条件冲击不仅对经济增长和经济周期波动性有影响，而且还会引起借贷升水变化和诱导债务危机。这些经验研究结论预示着，价格贸易条件冲击、债务流动和经济增长之间可能存在某种内在关联和传递机制。为此，本节重点考察价格贸易条件冲击如何通过改变债务和国际资本流动来影响经济增长和宏观经济系统。

6.1.1　数理模型描述

一、生产函数描述

为了在数理分析框架中引入价格贸易条件，我们把外贸进口变量引入艾彻和图尔诺夫斯泰（Eicher, Turnovsky, 1999）提出的单部门"非规模经济增长模型"（Non - Scale Growth Model）中。考虑一个生产出口贸易品 X，进口商品 Z 的小型开放经济体，价格贸易条件定义为 $p = \dfrac{p_x}{p_z}$。由于经济体很小，所以相对商品价格在国际市场上固定。我们假设价格贸易条件 p 保持不变，然后分析 p 的一次不可预期的永久性改变所产生的影响。

同质个体劳动力供给为 L_i，假定劳动力供给是固定的，且整个经济体始终处于充分就业状态，这意味着，全部劳动力供给等于社会总人口数 N。假定总人口增长率为 n，其定义为：$\dfrac{\dot{N}}{N} = n$。经济体内每个个体使用私人资本 K_i 和劳动 L_i 等要素来生产国内产出 Y_i。具体的生产函数形式如下：

$$Y_i = \alpha' L_i^{1-\sigma} K_i^{\sigma} K^{\eta} \equiv \alpha K_i^{\sigma} K^{\eta} \quad 0 < \sigma < 1;\ \eta \neq 0 \qquad (6-1)$$

这里，K 表示总的资本存量，$K \equiv NK_i$，与罗默（Romer, 1986）的假设相类似。生产函数假定经济体内总的资本存量具有溢出效应。另外，假设两个私人投入要素——资本 K_i 和劳动 L_i——具有规模收益不变性质。但是，所有要素的总规模收益不再具有规模不变特征，其总规模收益为 $1 + \eta$。总规模收益递增或递减，主要取决于私人产出的溢出效应的大小。

二、代表性个体的效用函数描述

代表性个体的效用可使用跨期等弹性效用函数（intertemporal isoelastic utility function）来描述。具体形式如下：

$$\Omega \equiv \int_0^\infty \frac{1}{\gamma}(X_i^\theta Z_i^{1-\theta})^\gamma e^{-\rho t} dt; \quad -\infty < \gamma < 1, \ 0 < \theta < 1$$

$$(6-2)$$

其中，Ω 表示代表性个体的一生效用。$\delta \equiv 1/(1-\gamma)$，表示跨期替代弹性，$\theta$ 表示国内商品在个人效用中的相对重要性，ρ 表示未来效用的贴现率。

三、代表性个体的资本累积过程

个体实物资本积累过程中存在着安装成本。具体安装成本函数由式（6-3）二次凸函数来描述：

$$\phi(I_i, \ K_i) = I_i + h \frac{I_i^2}{2K_i} = I_i \left(1 + \frac{h}{2} \frac{I_i}{K_i}\right) \qquad (6-3)$$

其中，I_i 表示个体 i 的投资规模，h 表示边际安装成本的斜率。式（6-3）所描述的安装成本函数与哈亚士（Hayashi，1982）使用的安装成本函数相类似。该安装成本函数具有线性齐次性质。为了简单起见，这里假设资本存量不存在折旧。因此，代表性个体的净资本积累可以表示如下：

$$\dot{K}_i = I_i - nK_i \qquad (6-4)$$

四、国际融资成本描述

经济体除了进口外国消费品以外，还能够进入国际资本市场，并可以开展相关的国际借贷业务。假设经济体的信誉决定了其在国际资本市场上的借款成本或者是融资成本，国际资本市场对每一个经济体偿还债务的能力进行检测和评估，并把经济体的债务—资本（债权）比率作为其潜在违约风险的指标。因此，经济体在国际资本市场上的借贷利率与其自身的债务—资本比例的变换正相关。债务—资本比例上升，则该经济体在国际资本市场的融资成本上升，融资困难加大。上述关系可以抽象为如下模型：

$$r\left(\frac{B}{pK}\right) = r^* + \omega\left(\frac{B}{pK}\right) \qquad \omega' > 0, \ \omega'' > 0 \qquad (6-5)$$

其中，r^* 代表世界利率水平，$r\left(\dfrac{B}{pK}\right)$ 表示经济体在国际资本市场上的实际融资利率，$\omega\left(\dfrac{B}{pK}\right)$ 表示该经济体的借贷升水。二者均是该经济体的外债水平相对于本国的资本 pK 的比例的函数。式（6-5）是价格贸易条件冲击——债务流动——经济增长之间传导机制模型的一个关键组成部分。

五、流动性预算约束

代表性个体所面临的流动性预算约束如下：

$$\dot{B}_i = p\left(X_i + \frac{Z_i}{p} + \phi[I_i, \ K_i] - Y_i\right) + \left(r\left[\frac{B}{pK}\right] - n\right)B_i \qquad (6-6)$$

其中，B_i 表示代表性个体 i 的债务规模，p 是价格贸易条件，这里表示国内产品对国外商品的相对价格。

六、最优化条件

代表性个体的目标，是在资本积累约束式（6-4）和以外国商品表述的流动性预算约束式（6-6）条件下，选择两种商品消费、投资及其债务规模，使得自己的跨期一生效用最大化。联合式（6-2）、式（6-4）和式（6-6），构造并求解汉密尔顿函数，可求得如下最优化条件：

$$\theta X_i^{\theta\gamma-1} Z_i^{\gamma(1-\theta)} = p\lambda \qquad (6-7)$$

$$(1-\theta) X_i^{\theta\gamma} Z_i^{\gamma(1-\theta)-1} = \lambda \qquad (6-8)$$

$$\left(1 + h\left(\frac{I_i}{K_i}\right)\right) = q \qquad (6-9)$$

其中，λ 表示财富的影子价格（边际效用），q 表示资本的影子价格。式（6-7）和式（6-8）两个最优化条件意味着，以国内商品和进口商品形式表示的消费边际效用等于财富边际效用。

从式（6-7）和式（6-8）的静态优化条件中，我们可以进一步考察国内商品和国外商品的消费如何随国外资产和价格贸易条件的变化而变化，即：

$$\frac{dX_i}{X_i} = -\frac{1}{(1-\gamma)}\frac{d\lambda}{\lambda} - \frac{1-\gamma(1-\theta)}{(1-\gamma)}\frac{dp}{p} \qquad (6-10)$$

$$\frac{dZ_i}{Z_i} = -\frac{1}{(1-\gamma)}\frac{d\lambda}{\lambda} - \frac{\gamma\theta}{(1-\gamma)}\frac{dp}{p} \qquad (6-11)$$

从式（6-10）和式（6-11）不难看出，由于（$1-\gamma$）>0，所以资产影子价格的变化$\left(\frac{d\lambda}{\lambda}\right)$与国内商品消费变化$\left(\frac{dX_i}{X_i}\right)$和国外商品消费变化$\left(\frac{dZ_i}{Z_i}\right)$呈反比例关系，这一反比例关系可以解释为：资产影子价格增加将导致国际借贷的融资成本上升，为了支付额外的融资成本，不得不减少对国内和国外两种商品的消费。

但是，由于 $1-\gamma(1-\theta)$ 和 $\gamma\theta$ 的正负关系很难确定，所以价格贸易条件恶化（国内商品对国外商品的相对价格，$\frac{dp}{p}<0$）对国内外两种商品的消费所产生的影响也不确定。总的来看，价格贸易条件的恶化会产生两个效应。一个是替代效应，该效应导致消费者从消费国外商品转而消费相对便宜的国内商品。另一个则是收入效应，由于国内商品价格相对下降，导致债务的边际效用下降，最终增加两种商品的消费。因此，价格贸易条件恶化对国内商品消费变化的效应是正向的，但是对国外商品而言，可能为正也可能为负，这取决于跨期替代弹性是否超过1。特别地，在对数效用条件下，跨期替代弹性 $\gamma=0$，收入效应和替代效应正好相互抵消，进口品的消费保持不变。

我们可以把代表性个体的消费结构细化为：

$$C_i \equiv pX_i + Z_i \qquad (6-12)$$

C_i 表示代表性个体 i 的总消费（以国外商品的形式表示），用方程（6-8）除以式（6-7）可得：

$$pX_i = \theta C_i, \quad Z_i = (1-\theta) C_i \qquad (6-13)$$

这意味着，国内商品和进口商品的消费与效用函数中的 θ，$1-\theta$ 以及价格贸易条件成比例。

联合最优化条件式（6-9）和个体实物资本积累约束式（6-4），可推导出代表性个体实物资本增长率方程：

$$\frac{\dot{K}_i}{K_i} = \frac{I_i}{K_i} - n = \frac{q-1}{h} - n \qquad (6-14)$$

有关债务积累和实物资本比率的最优条件，用套利条件总结如下：

$$\rho - \frac{\dot{\lambda}}{\lambda} = r\left[\frac{B}{pk}\right] - n \qquad (6-15)$$

$$\frac{\sigma Y_i}{qK_i} + \frac{\dot{q}}{q} + \frac{(q-1)^2}{2hq} = r\left[\frac{B}{pK}\right] \qquad (6-16)$$

方程（6-15）和式（6-16）意味着，债务成本分别与消费和国内资本积累回报率相等。国内资本收益包括三部分。第一是单位安装资本的产出（价格 q 的值），第二是资本收益率，第三是更高的资本存量能够降低新投资安装成本（取决于 $\frac{I_i}{K_i}$）。

最后，为了保证满足个体的跨期预算约束，引入下列横截条件：

$$\lim_{t\to\infty}\lambda B_i e^{-\rho t} = \lim_{t\to\infty}qp\lambda K_i e^{-\rho t} = 0 \qquad (6-17)$$

6.1.2 总量均衡稳态分析

我们的目的是，考察总量经济平衡增长路径对外生价格贸易条件冲击的动态反应特征。为此，需要把前面的分析进行必要的加总求和。在平衡增长路径上，总产出和总资本存量以相同的常数率增长，因此总资本—产出率保持不变。加总 N 个代表性个体的生产函数，便可得到总生产函数如下：

$$Y = \alpha K^{\eta + \sigma} N^{1 - \sigma} \equiv \alpha K^{\sigma_K} N^{\sigma_N} \qquad (6-18)$$

其中，$\sigma_N = 1 - \sigma$ 是总产出中劳动份额，$\sigma_K \equiv \sigma + \eta$ 是总产出中资本份额，总规模收益为 $\sigma_K + \sigma_N = 1 + \eta$。

对方程（6-18）关于 t 求偏导，并假定 $\dfrac{Y}{K}$ 比率长期不变的条件成立，则可计算出资本和产出的长期均衡增长 g：

$$g \equiv \frac{\sigma_N}{1 - \sigma_K} n \qquad (6-19)$$

不难看出，方程（6-19）所给出的均衡增长率 g 依赖于总规模收益和人口增长率。当且仅当 $\sigma_K < 1$ 时，增长率为正。在不变的规模收益下，长期均衡增长率等于人口增长率 $g \equiv n$。如果规模收益递增（$\eta > 0$），则均衡增长率 g 大于 n。相反，如果规模收益递减（$\eta < 0$），则均衡增长率 g 小于 n。

同样地，对总资本存量 $K \equiv NK_i$ 关于 t 求偏导，并加总方程（6-14），可得总资本存量的增长率如下：

$$\frac{\dot{K}}{K} = \frac{q-1}{h} \qquad (6-20)$$

对 $B \equiv NB_i$ 关于 t 求偏导，并加总方程（6-6），可得总债务的积累量如下：

$$\dot{B} = p\left(\frac{C}{P} + \left(\frac{q^2-1}{2h}\right)K - Y\right) + r\left[\frac{B}{pK}\right]B \qquad (6-21)$$

最后，对 $C \equiv NC_i$ 关于 t 求偏导，结合方程（6-8）和方程（6-13），还有方程（6-15），可得总消费的增长率如下：

$$\frac{\dot{C}}{C} = \frac{r\left[\frac{B}{pK}\right] - \rho - \gamma n}{1 - \gamma} \qquad (6-22)$$

比较方程（6-20）和方程（6-22）不难看出，前者依赖生产条件（反映在 q 中），而后者则依赖偏好参数及借贷成本（反映在 r(·) 中）。

为分析总量经济系统长期均衡增长路径的转移动态特征，把经济系统表示为如下平稳变量的形式将更加方便。

$$k \equiv \frac{K}{N^{(\sigma_N/(1-\sigma_K))}}; \quad b \equiv \frac{B}{N^{(\sigma_N/(1-\sigma_k))}}; \quad c \equiv \frac{C}{N^{(\sigma_N/(1-\sigma_k))}}; \quad (6-23)$$

方程（6 – 23）中所定义的 k、b 和 c 称之为"规模—调整（scale-adjusted）"的人均变量。特别地，在缺乏任何生产外部性的条件下（$\sigma_K + \sigma_N = 1$），方程（6 – 23）中的三个变量就是标准的人均变量了。

对上述"规模—调整"的人均变量关于 t 求时间偏导：可得如下结果：

$$\frac{\dot{k}}{k} = \frac{q-1}{h} - g \qquad (6-24)$$

$$\frac{\dot{b}}{b} = (r[b/pk] - g) + \frac{p}{b}\left(\frac{c}{p} + \left(\frac{q^2-1}{2h}\right)k - \alpha k^{\sigma_K}\right) \quad (6-25)$$

$$\dot{q} = r\left[\frac{b}{pk}\right]q - \frac{(q-1)^2}{2h} - \alpha\sigma K^{\sigma_K-1} \qquad (6-26)$$

$$\frac{\dot{c}}{c} = \frac{r\left[\frac{b}{pk}\right] - \rho - \gamma n}{1-\gamma} - g \qquad (6-27)$$

方程（6 – 24）~方程（6 – 27）提供了"规模—调整"的人均变量 k、b、c 以及 q 的动态方程集合。可以被视为经济系统宏观动态均衡的另一种表示，以它们为基础可以进一步推导出其他变量的动态时间路径。

当 $\dot{c} = \dot{k} = \dot{b} = \dot{q} = 0$ 时，可获得经济系统的稳态均衡，因此，相应变量的稳态值（由波浪号表示）表示如下：

$$\tilde{q} = 1 + gh \qquad (6-28)$$

$$(\tilde{r} - g)\,\tilde{b} + p\left(\frac{\tilde{c}}{p} + \left(\frac{\tilde{q}^2-1}{2h}\right)\tilde{k} - \alpha\tilde{k}^{\sigma_K}\right) = 0 \quad (6-29)$$

$$\tilde{r}\tilde{q} - \frac{(\tilde{q}-1)^2}{2h} - \alpha\sigma\tilde{k}^{\sigma_K-1} = 0 \qquad (6-30)$$

$$\frac{\tilde{r} - \rho - \gamma n}{1-\gamma} = g \qquad (6-31)$$

$$\tilde{r} = r\left[\frac{\tilde{b}}{p\tilde{k}}\right] \equiv r^* + \omega\left[\frac{\tilde{b}}{p\tilde{k}}\right] \tag{6-32}$$

上述稳态系统具有一个简单的递归结构。首先，方程（6－28）决定安装资本 $\tilde{q}$ 的稳态价格，因此，资本的均衡增长率等于产出的均衡增长率 g。其次，方程（6－31）决定了一国的借贷率 $\tilde{r}$，因此消费的均衡增长率等于 g。结果，$\tilde{r}$ 依赖于 g 中的偏好参数 ρ 和 γ，技术参数 σ 和 η，而取决于借款利率函数 r［·］形式。给定 $\tilde{r}$ 后，方程（6－32）可计算债务—资本比率 $\frac{\tilde{b}}{p\tilde{k}}$。确定 $\tilde{q}$ 和 $\tilde{r}$ 后，方程（6－30）可计算规模调整的资本—劳动比率 $\tilde{k}$。方程（6－32）确定了债务—资本比率 $\frac{\tilde{b}}{p\tilde{k}}$ 及方程（6－30）确定了资本—劳动比率 $\tilde{k}$ 之后，债务—劳动比率 $\tilde{b}$ 便可计算了。特别地，方程（6－31）和方程（6－32）一起意味着，在长期内一国是否会成为债务国还是债权国要根据：

$$\rho + \left\{\gamma + (1-\gamma)\left(\frac{1-\sigma}{1-\sigma-\eta}\right)\right\}n > r^*$$

或：
$$\rho + \left\{\gamma + (1-\gamma)\left(\frac{1-\sigma}{1-\sigma-\eta}\right)\right\}n < r^* \tag{6-33}$$

最后，给定 $\tilde{q}$，$\tilde{r}$，$\tilde{b}$，$\tilde{k}$，方程（6－29）决定了规模调整的人均消费的均衡 $\tilde{c}$，以保持经常账户平衡。

本节我们最关心的是，价格贸易条件恶化的影响效应。从方程（6－28）～方程（6－31）中，我们看到：

$$\frac{d\tilde{r}}{dp} = \frac{d\tilde{k}}{dp} = \frac{d\tilde{q}}{dp} = 0, \quad \frac{d\tilde{b}}{\tilde{b}} = \frac{d\tilde{c}}{\tilde{c}} = \frac{dp}{p} \tag{6-34}$$

长期来看，价格贸易条件的恶化导致经济体的债务水平成比例地下降，而总产出、资本存量以及借贷率则保持不变。价格贸易条件的恶化，还导致以国外商品衡量的总消费水平也成比例地下降，尽管以国内商品 $\frac{c}{p}$ 衡量时它保持不变。国内生产品 x 的稳态消费保持不变，而对进口商品 z 的消费却下降。

6.1.3　转移动态分析

尽管方程（6-34）显示价格贸易条件冲击对经济增长的长期影响是独立的，但这种冲击还是可以导致过渡时期内一国的投资、产出以及国际借贷等变量产生深刻变化，特别是对社会福利的影响尤为明显。艾彻和图尔诺夫斯泰（Eicher，Turnovsky，1999）曾指出，这种过度影响在非规模模型中会花费很长时间，在可以接受的收敛率（例如，2%～10%）上，这种过度影响效应至少在10～30年内是比较大的。我们通过对方程（6-24）～方程（6-27）进行线性近似表示来分析价格贸易条件冲击对经济系统影响的过渡动态特征，线性近似表示结果如下：

$$
\begin{pmatrix} \dot{k} \\ \dot{b} \\ \dot{q} \\ \dot{c} \end{pmatrix} = \begin{pmatrix} 0 & 0 & \dfrac{\tilde{k}}{h} & 0 \\ a_{21} & \tilde{r}[\,\cdot\,] + \dfrac{r'[\,\cdot\,]\tilde{b}}{p\tilde{k}} - g & \dfrac{p\tilde{q}\tilde{k}}{h} & 1 \\ a_{31} & \dfrac{r'[\,\cdot\,]\tilde{q}}{p\tilde{k}} & \tilde{r}[\,\cdot\,] - g & 0 \\ \dfrac{r'[\,\cdot\,]\tilde{b}\tilde{c}}{p(1-\gamma)\tilde{k}^2} & \dfrac{r'[\,\cdot\,]\tilde{c}}{p(1-\gamma)\tilde{k}} & 0 & 0 \end{pmatrix} \begin{pmatrix} k - \tilde{k} \\ b - \tilde{b} \\ q - \tilde{q} \\ c - \tilde{c} \end{pmatrix}
$$

$$(6-35)$$

其中，$a_{21} \equiv -\tilde{r}'(\tilde{b}^2/p\tilde{k}^2) + p(\tilde{q}^2 - 1/2h) - p\alpha\sigma_K\tilde{k}^{\sigma_K-1}$

$a_{31} \equiv \alpha\sigma(1-\sigma_k)\tilde{k}^{\sigma_K-2} - (r'[\,\cdot\,]\tilde{b}\tilde{q}/p\tilde{k}^2)$

式（6-35）所表达的线性近似表示实际上与艾彻和图尔诺夫斯泰（Eicher，Turnovsky，1999）所考虑的线性近似结构是一样的。当 $\dfrac{C}{pY} > (1-\sigma_K)$ 时，该系统几乎一定有两个正向和两个负向的特征根，任意设定 $\mu_1 < \mu_2 < 0 < \mu_3 < \mu_4$，假设资本 k 和债务 b 连

续渐变变化，c 和 q 能瞬间跳跃，动态特征可由唯一的稳态鞍点路径表示。则式（6-35）的稳态解如下：

$$\begin{pmatrix} k - \tilde{k} \\ b - \tilde{b} \\ q - \tilde{q} \\ c - \tilde{c} \end{pmatrix} = A_1 w_1 e^{\mu_1 t} + A_2 w_2 e^{\mu_2 t} \qquad (6-36)$$

其中，与特征根相对应的特征向量是：

$$w_j = \begin{pmatrix} 1 \\ -[\alpha_{31} + (\tilde{r} - g - \mu_i)\mu_i h/\tilde{k}] p\tilde{k}/(r'[\ \cdot\ ]\tilde{q}) \\ \dfrac{\mu_i h}{\tilde{k}} \\ -(r'[\ \cdot\ ]\tilde{c}/(p(1-\gamma)/\tilde{k}_i\ \mu_i))(\tilde{b}/\tilde{k} - w_{2j}) \end{pmatrix} \quad j = 1, \ldots, 4$$

$$(6-37)$$

稳态解式（6-36）中的常数 A_1、A_2 可由初始条件 $k(0) = k_0$、$b(0) = b_0$ 来推导。

6.1.4 负向价格贸易条件冲击的初始调整过程

为了进一步考察价格贸易条件恶化对主要宏观经济变量的最直接影响，需要在 $t = 0$ 时对方程（6-36）进行求微分处理，处理结果如下：

$$\frac{d\dot{k}(0)}{dp} = \frac{d\tilde{b}}{dp}\frac{(\mu_2 - \mu_1)}{(w_{21} - w_{22})} > 0 \qquad (6-38)$$

$$\frac{d\dot{b}(0)}{dp} = \frac{d\tilde{b}}{dp}\frac{(w_{22}\mu_2 - w_{21}\mu_1)}{(w_{21} - w_{22})} \qquad (6-39)$$

$$\frac{dq(0)}{dp} = \frac{d\tilde{b}}{dp}\frac{h}{\tilde{k}(w_{21} - w_{22})}(\mu_2 - \mu_1) > 0 \qquad (6-40)$$

$$\frac{dc(0)}{dp} = \frac{d\tilde{c}}{dp} + \frac{d\tilde{b}}{dp}\frac{w_{42} - w_{41}}{w_{21} - w_{22}} > 0 \qquad (6-41)$$

式（6-38）~式（6-41）充分地描述了主要宏观经济变量对价格贸易条件冲击的动态反应模式和调整过程。价格贸易条件不可预期地持续下降的最直接效应就是提高债务——资本比率$\frac{b}{pk}$，外国贷款人据此推断一国的信誉已经下降，而导致借贷率的即刻上升。这些变化立刻就会导致安装资本市场价格 q(0) 的下降，而安装资本价格在借贷成本增加的条件下对保持均衡的资本回报率是非常必要的。价格贸易条件的下降，还对消费者预算约束有着深远的影响。由于外国商品相对价格的上升以及债务必须重新支付，总消费同时下降。

6.1.5 数值模拟

本节使用参数校准和数值模拟方法，进一步考察中国价格贸易条件冲击的债务传导机制和传导途径。

一、基准参数设置说明

表6-1对中国价格贸易条件冲击的数值模拟模型的基准参数设置进行了说明。

表6-1　　　　　　　　　　　基准参数设置说明

类型	参数	数值	依据
偏好参数	γ	-1.5	国际通用标准。
	ρ	0.04	
	θ	0.3	θ参数化商品市场中经济的开放度，θ越小说明经济体开放程度越高，结合中国对外贸易依存度，设置$\theta=0.3$。
生产参数	σ	0.4	国际通用标准。
	h	10	h 代表安装成本，参照澳蒂盖拉和桑托斯（Ortigueira，Santos，1997）的结果将 h 设置为15。
	α	3	规模参数，国际通用标准。
	η	0.2	代表生产率具有正的外部性。

续表

类型	参数	数值	依据
世界利率	r*	0.06	r* = 0.06
借贷升水	a	7	a参数化了金融市场的开放度，α值越大说明经济体的金融开放程度越低（最大值为10），结合中国金融开放程度的实际情况，将α设为7。
人口增长率	n	0.48	2015年，中国人口自然增长率。

在设置上述参数的条件下，模拟考察中国价格贸易条件从1下降至0.8时（即价格贸易条件恶化20%），主要宏观经济变量路径反应动态和变化轨迹。表6-2给出了设定基准参数值后，经济系统的初始均衡稳态水平。

表6-2　　　　　　　经济系统初始稳态数值

a = 7, θ = 0.3, η = 0.2								
k	y	c	b	r	$\frac{K}{Y}$	$\frac{C}{Y}$	$\frac{B}{Y}$	社会福利
375.8	93.2	88.4	0.633	0.081	4.03	0.948	0.007	-0.024

表6-2显示：初始均衡水平下，稳态资本产出率为4.03。消费产出率为0.948，债务产出率为0.007，借贷升水为0.081，比世界平均利率高2.1个百分点。这个均衡稳态水平与中国经济社会发展实际还是比较接近的。特别的，我们计算了当经济处于一个相应稳定状态时的整体福利为-0.24。

二、冲击动态调整模拟结果分析

图6-1a~图6-1e刻画了一些关键宏观经济变量对价格贸易条件恶化20%所做反应的动态调整。

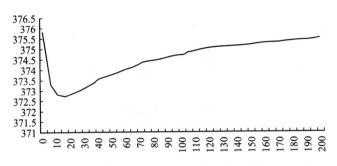

图6-1a 资本存量动态

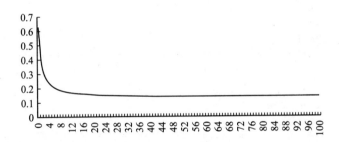

图6-1b 债务动态

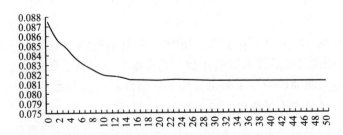

图6-1c 利率动态

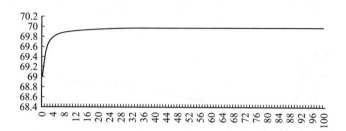

图 6 – 1d　消费动态

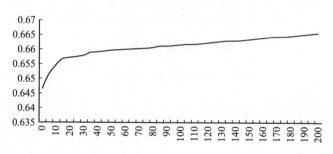

图 6 – 1e　福利动态

从图 6 – 1 中，我们可以看到，借贷率从 8.1% 突然升至 8.9%（见图 6 – 1c）；高的借贷成本导致消费水平也相应直线下降（见图 6 – 1d）。与消费相类似，资本存量水平也立即下降（见图 6 – 1a）。进一步从图 6 – 1a 和 6 – 1b 中看到，债务比资本以更快的速度下降，在前 10 年中下降了大约 20%，而资本在同一时期只下降了 1%。因此，以后资本存量开始向其初始冲击前水平平稳增加。但是，这一时期的债务水平也大约下降到其新的稳态水平。事实上，它也轻微地进行了调整，40 年之后达到其最小水平，然后逐渐上升到其新的稳态水平。这与方程（6 – 17）中所描述的动态性相一致，我们观察到当经济到达其新的稳态水平时，债务是否持续下降取决于 $w_{22} = -[a_{31} + (\tilde{r} - g - \mu_2)\mu_2 h/\bar{k}]p\bar{k}/(r'[\,\cdot\,]\bar{q})$。对于选择的参数值，我们发现 $w_{22} = 0.011$，债务随资本存量渐近地增加，尽管只是以一个渐进的速率。

图6-1d描述了消费的时间路径，财富的减少源于负向的贸易条件冲击，高债务回报导致消费的立即减少。长期中，当债务存量和借贷率下降时，债务服务成本下降，留出更多的产出用于消费和投资。投资下降的加速和消费开始上升，逐渐地恢复到其冲击前水平。

最后，图6-1e描述了 $\gamma^{-1}(X_i^{\theta}Z_i^{1-\theta})^{\gamma}$ 的即时效用时间路径。在影响上，初始消费的下降与财富的损失都源于贸易条件恶化，导致即时福利损失大约12%。而后，即时福利与消费的恢复一起逐渐增加，尽管贸易条件恶化导致永久的福利损失。

6.2 消费与储蓄传导机制

(一) 价格贸易条件均值变动影响经济增长的消费与储蓄传导机制

改变消费与储蓄的变化，是价格贸易条件变动影响经济增长的另一个主要传导途径和机制。价格贸易条件的改善，有助于经济增长。其内在传导机理在于：一国价格贸易条件的改善会提高其当前收入，在边际消费倾向小于1的条件下，当前消费的增加会小于当前收入，导致私人储蓄增加。储蓄增加有利于本国的经济增长。相反，价格贸易条件的恶化会降低一国的实际收入，然后是通过消费平滑行为降低储蓄，不利于本国的经济增长。

有学者研究发现，价格贸易条件变动率和消费增长之间存在线性关系。价格贸易条件的恶化，可由社会通过减少消费或降低储蓄来进行调整。由于减少消费比较困难，通常都是通过降低储蓄的形式来调整的。由于储蓄是未来经济增长的基础，因此，价格贸易条件的恶化也降低了经济的潜在增长能力。

另外，当面对负向价格贸易条件冲击时，由于国际金融市场上增加的借贷约束和融资困难，家庭可能不能够平滑消费。因此，为了保持一个平滑的消费路径，经济个体可能会被迫大量地降低储蓄。而在价格贸易条件改善时期，他们则会减少消费，更多地储蓄。一般来说，在价格贸易条件增速较慢和价格贸易条件冲击较频繁的国家，会发现其经济增长速率也比较慢。

价格贸易条件冲击与储蓄之间的影响关系，对价格贸易条件冲击的持久性颇为敏感。HLM 效应只是暂时价格贸易条件冲击的结果。如果价格贸易条件恶化是暂时的，一国当前收入水平的下降程度会大于永久收入水平，消费平滑行为因此会导致国内储蓄的下降。如果价格贸易条件暂时上升，人们就会通过提高储蓄来平滑这种对未来时期的意外收益。但如果价格贸易条件的恶化是持久的，会直接导致当前收入和永久收入的下降，对储蓄则不会产生影响。因而，暂时的价格贸易条件均值变动影响经济增长的机制，似乎并不适用于持久的价格贸易条件变动。

（二）价格贸易条件波动影响经济增长的消费与储蓄传导机制

不仅价格贸易条件的均值变动会影响消费、储蓄和经济增长，价格贸易条件的波动也同样会影响储蓄率和增长，但其效应可正可负，这主要取决于一国的风险厌恶程度。如果风险厌恶程度低，增长的价格贸易条件波动既会降低增长，也会降低社会福利。如果风险厌恶程度高，那么增长的价格贸易条件波动依然会导致较快的增长，但它同样还是会降低社会福利。

本节在一个随机内生增长模型框架内，考察了价格贸易条件冲击对消费和储蓄增长的影响。

首先，假设消费者最大化预期一生效用，效用函数形式如下：

$$U(C) = E\left[\sum_{t=0}^{\infty} \beta^t \frac{C_t^{1-\gamma}}{1-\gamma}\right] \qquad (6-42)$$

这里，$\gamma > 0$，$0 < \beta < 1$，C_t 表示对进口品的消费，β 是主观贴现因子，γ 是相对风险厌恶系数（$\frac{1}{\gamma}$ 是跨期替代弹性）。

用出口表示的进口品的相对价格容易遭受随机扰动。因此，家庭不能确定国家具体收入冲击究竟是来源于实际收益的变动，还是价格贸易条件的变动。因而，家庭效用最大化会面临着如下资源约束：

$$A_{t-1} \leqslant R_t(A_t - p_t C_t) \tag{6-43}$$

给定 $A_0 > 0$。A_t 是出口品的财富存量，R_t 是国内总储蓄收益率，p_t 是在世界市场中决定的进口与出口的相对价格比，也就是价格贸易条件 $tot_t = p_t^{-1}$。在方程（6-43）的约束下，最大化方程（6-42）便可求得竞争性均衡，求得的欧拉（Euler）方程如下：

$$U'(C_t) = \beta E\Big[\frac{R_t p_t}{p_{t+1}} U'(C_{t-1})\Big] \tag{6-44}$$

欧拉（Euler）方程（6-44）的封闭形式解通过使用动态程序技术而获得。具体解的形式如下：

$$C_t^* = \lambda\Big(\frac{A_t}{p_t}\Big) \tag{6-45}$$

$$A_{t+1}^* = (1-\lambda)R_t A_t \tag{6-46}$$

这里：

$$\lambda \equiv \big[1 - \beta^{\frac{1}{\gamma}}\big[E(r_t^{1-\gamma})\big]^{\frac{1}{\gamma}}\big], \quad r_t \equiv \frac{R_t p_t}{p_{t+1}} \tag{6-47}$$

并且一生福利是：

$$V^*(A_t, p_t) = \frac{\lambda^{-\gamma}}{(1-\gamma)}\Big(\frac{A_t}{p_t}\Big)^{1-\gamma} \tag{6-48}$$

常数 λ 是关于财富的边际消费倾向，r_t 是进口品表示的实际利率，由于经济个体不能确定自己将如何应对 r_t 的波动，如果相对风险厌恶系数低于 $1(\gamma < 1)$，或跨期替代弹性大于 $1\Big(\frac{1}{\gamma} > 1\Big)$，由价格贸易条件波动增加而导致的风险上升会减少储蓄，增加消费。这些结果还可由式（6-49）推导出：

$$\lambda(\mu_r, \sigma^2) \equiv 1 - (\beta\mu_r^{1-\gamma})^{1/\gamma}\exp\Big(-(1-\gamma)\frac{\sigma^2}{2}\Big) \tag{6-49}$$

为了进一步考察价格贸易条件冲击的含义，我们集中分析基于竞争性均衡所得到的消费变化过程。在给定方程（6-45）、方程（6-46）和 r_t 的统计性质后，消费增长可表示为：

$$\frac{C_{t+1}}{C_t} = (1-\lambda) r_t \qquad (6-50)$$

方程（6-50）显示，即使在一个独立同分布的对数正态随机冲击框架中，消费增长率也由储蓄率和价格贸易条件变动率所决定。进一步可求解消费增长率 ΔC 如下：

$$\Delta C_t = \frac{1}{\gamma}\left[\ln(\beta) + \ln(\mu_r)\right] - \left[(1-\gamma)+1\right]\frac{\sigma^2}{2} + \varepsilon_{t-1} \qquad (6-51)$$

方程（6-51）显示，价格贸易条件和增长之间的关系，可简单地由下列参数来决定的：（a）跨期替代弹性 $\frac{1}{\gamma}$（或风险厌恶程度 γ），（b）平均储蓄收益率 μ_r，和（c）国内资产收益和价格贸易条件的固有风险 σ^2。

尽管跨期替代弹性是否大于1或小于1决定了 μ_r 或 σ^2 的变化是否对消费水平（见方程（6-45）和方程（6-49））有正向的或负向的影响，但通常 μ_r 的增加会带来增长率的上升，而无论 γ 有多大（见方程（6-51））。因此，价格贸易条件增长率很快的国家，平均来说，也经历较快的消费增长。并且，方程（6-51）也显示了，只要 $\gamma<2$（$\gamma>2$），σ^2 均值不断地增加（也就是伴随着价格贸易条件波动增加的上升的风险）会导致消费增长的下降（上升）。所以，我们完全可以得到这样的结论：倘若风险厌恶程度相对较低，那么，价格贸易条件波动的增加会降低平均增长率；相反，如果风险厌恶程度相对较高，则贸易条件波动的增加同样也会带来增长率的上升。但是，由于方程（6-48）中的福利的 σ^2 总是趋于下降，因此，在拥有相同程度的风险厌恶条件下，一个高价格贸易条件波动性、快速增长的经济体的福利水平会比价格贸易条件波动性较低、增长较慢的经济体的福利水平更低。

6.3　投资传导机制

价格贸易条件改善刺激投资，上升的投资是经济增长的驱动力，会对经济增长产生正向影响，其作用机理就在于：其一，价格贸易条件长期上升类似于一种技术进步，会导致更快的资本积累。其二，价格贸易条件上升，意味着给定出口量可购买到更多数量的进口品，相当于实际国内购买力的增加，也等同于来自国外收入的转移支付。出口购买力的增长会刺激投资，鼓励一国购买有利于提高生产力的中间产品和设备。其三，价格贸易条件上升会减少经济的不确定性，降低投资的风险，促进经济增长。其四，一个部门出口产品价格的上升，会导致这个部门投资增加或资源从其他部门向这个部门的转移。

而当价格贸易条件波动增大时，增长的风险会导致投资的减少，降低经济发展速度。第一，产品价格波动剧烈，意味着企业将面临更大的经营风险，现有投资继续运营将不再盈利。这时，企业的投资意愿被迫降低，一方面，会停止现有投资；另一方面，也会延缓作出新的投资决策，给经济增长带来不可避免的负面影响。第二，进出口产品价格的剧烈变动会导致要素收入的重新分配，增加企业的价格调整成本和投资风险。第三，价格贸易条件的剧烈波动，会破坏一国金融体系的平衡和稳定，银行会对企业利润率的预期进行调整，增加企业贷款难度和贷款成本，从而降低投资水平。实践也证明，价格贸易条件波动性高的国家比波动性低的国家倾向于拥有更低的投资率，更低的资本存量和更低的经济增长。

孙伟忠（2009）根据2000～2008年《国际统计年鉴》的数据考察了一些代表性国家价格贸易条件、投资与经济增长三者之间的变动关系，发现在绝大多数国家中，这三者的变动方向基本保持一致，从而证明了价格贸易条件改善会促进投资活动，进而刺激经济增长的论断（见图 6-2、图 6-3）。

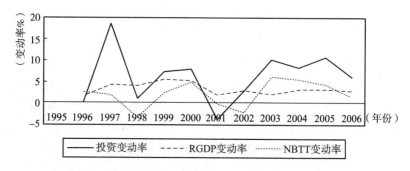

图 6-2　加拿大 NBTT、投资与经济增长

资料来源：孙伟忠．贸易条件与经济增长．吉林大学博士学位论文，2009.

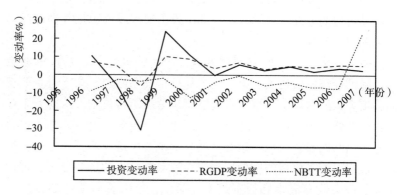

图 6-3　韩国 NBTT、投资与经济增长

资料来源：孙伟忠．贸易条件与经济增长．吉林大学博士学位论文，2009.

6.4　本章小结

　　本章阐述了价格贸易条件影响经济增长的债务传导机制、消费和储蓄传导机制以及投资传导机制。债务传导机制的研究结论显示：价格贸易条件冲击、债务流动和经济增长之间存在某种内在关联和传递机制。价格贸易条件不可预期的持续下降的最直接效应，就是提高债务—资本比率$\frac{b}{pk}$，外国贷款人据此推断该国的债务偿还能力下降，提升该国的借贷利率，加剧该国在国际资本市场上的融资成本，进而降低该国的经济增长速度。

消费与储蓄传导机制研究结论表明：价格贸易条件的恶化，可由社会通过减少消费或降低储蓄来进行调整。由于减少消费比较困难，通常都是通过降低储蓄的形式来调整的。由于储蓄是未来经济增长的基础，因此，价格贸易条件的恶化也降低了经济的潜在增长能力。另外，价格贸易条件冲击与储蓄之间的关系，对价格贸易条件冲击的持久性颇为敏感。如果价格贸易条件恶化是暂时的，一国当前收入水平的下降程度会大于永久收入水平，消费平滑行为因此会导致国内储蓄的下降。如果价格贸易条件暂时上升，人们就会通过提高储蓄来平滑这种对未来时期的意外收益。但如果价格贸易条件的恶化是持久的，会直接导致当前收入和永久收入的下降，对储蓄则不会产生影响。因而，暂时的价格贸易条件均值变动影响经济增长的机制，似乎并不适用于持久的价格贸易条件变动。

价格贸易条件的波动也同样会影响储蓄率和增长，但其效应可正可负，这主要取决于一国的风险厌恶程度。如果风险厌恶程度低，增长的价格贸易条件波动既会降低增长，也会降低社会福利。如果风险厌恶程度高，那么增长的价格贸易条件波动依然会导致较快的增长，但它同样还是会降低社会福利。

投资传导机制研究结论证实：价格贸易条件均值水平的改善会大大刺激投资活动，上升的投资是经济增长的驱动力，会对经济增长产生正向影响，而当价格贸易条件波动性增大时，意味着对外贸易风险增强，其结果会导致投资的减少，进而降低经济发展速度。

第7章

价格贸易条件变动趋势与冲击持久性

　　无论是在工业化程度较高的发达国家，还是在以出口初级产品为主的发展中国家，价格贸易条件轨迹的变动趋势都是政策制定者关注的焦点。这是因为价格贸易条件变动不仅会导致一国经常账户失衡、国债融资困难，而且还会引起国内出口部门与进口部门的产出和工资水平变化，并通过储蓄、消费和投资等一系列实际经济变量传导，最终影响该国的经济增长。为此，研究价格贸易条件路径的变动趋势具有重要的现实意义。与已有的研究相比，本章的主要工作是，使用 H－P 滤波、移动标准差和 GARCH(1，1) 模型等经典计量和时间序列方法，从一阶距（水平值）和二阶距（波动性）两个层面描述中国价格贸易条件冲击的变动趋势及主要特征。在此基础上，使用中值无偏估计方法对 1980～2013 年中国价格贸易条件冲击的持久性特征进行了量化分析。本章主要包括三部分：第一部分从水平值和波动性两个角度考察了中国价格贸易条件轨迹的变动趋势。第二部分介绍了中值无偏估计技术和半衰期计算方法，并实证计算了中国价格贸易条件冲击的持久性与半衰期。第三部分是本章小结。

7.1　价格贸易条件变动趋势分析

7.1.1　价格贸易条件水平值的变化趋势与阶段划分

一、H–P 滤波方法

H–P 滤波方法全称为霍德里克—普雷斯科特滤波（Hodrick–Prescott，1997），是对经济时间序列进行趋势分解时经常采用的方法之一。它可以把经济变量序列中长期趋势成分和短期周期波动成分分离出来。令 $\{x_t\}$ 表示经济变量序列，其可能含有长期趋势成分和短期周期波动成分，令 x_t^p 表示长期趋势成分，x_t^c 表示周期波动成分。且假定三者之间服从加法模式，则有：

$$x_t = x_t^p + x_t^c \qquad (7-1)$$

H–P 滤波方法的主要任务是从序列 $\{x_t\}$ 中，把长期趋势成分 x_t^p 和短期周期波动成分 x_t^c 识别和分离出来。H–P 滤波方法的工作原理是最小化如下损失函数：

$$M = \sum_{t=1}^{T} (x_t^c)^2 + \lambda \sum_{t=2}^{T-1} \left[(x_{t+1}^p - x_t^p) - (x_t^p - x_{t-1}^p) \right]^2 \qquad (7-2)$$

其中，λ 是正的实数，其表示分解过程中，长期趋势成分和周期波动成分所占的权数，如果在 $\lambda=0$ 的特殊情况下，$x_t = x_t^p$，此时序列 x_t 中不含有周期波动成分，若 $\lambda \to \infty$，则意味着，长期趋势 x_t^p 逼近线性趋势。

在实证研究过程中，如果 $\{x_t\}$ 序列是季度时间序列数据的话，λ 一般选择 1600，因为如果原序列 $\{x_t\}$ 是平稳序列的话，选择 $\lambda=1600$ 能够消除数据中含有的频率小于 32 个季度的波动。由于一般的经济周期长度为 3~5 年，所以这样做能够吸收一般的周期频率。如果 $\{x_t\}$ 序列是年度时间序列数据的话，一般选择 $\lambda =$ 400；而当 $\{x_t\}$ 序列是月度时间序列数据时，$\lambda = 14400$。这样，选择权重可以将序列中的周期波动频率适当地表现出来。

二、H－P滤波结果分析

本章所使用的价格贸易条件指数数据来自 World Bank 中 World Development Indicators（WDI）数据库。整个样本范围从 1980～2013 年，共含 34 个数据。价格贸易条件指数 = 出口价格指数/进口价格指数。所有数据均以 2000 年为 100 进行了调整。

图 7－1 描绘了中国价格贸易条件水平值时序变化轨迹和经过 H－P 滤波后得到的光滑长期趋势曲线。这里，TOT 代表中国价格贸易条件水平值，HPTREND 代表光滑长期趋势。

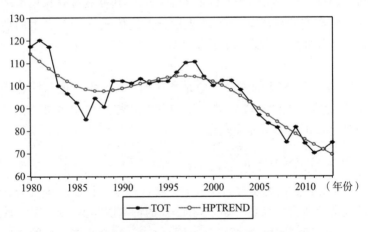

图7－1　中国价格贸易条件水平值及趋势曲线

从图 7－1 价格贸易条件曲线的时间路径中容易看出，中国价格贸易条件指数最高值出现在 1981 年（数值为 120），价格贸易条件指数最低值出现在 2011 年（数值为 70.1），计算后发现，在

1980～2013 年的整个样本区间内，中国价格贸易条件指数样本均值仅为 95.691，样本标准差为 13.362，这说明，中国价格贸易条件整体处于恶化态势，而且价格贸易条件水平值的波动幅度较大。

经过 H－P 滤波后得到的光滑长期趋势曲线进一步证实，中国价格贸易条件整体运行趋势是向下的、恶化的。仅在 1987～1998 年出现过改善迹象。根据中国价格贸易条件水平值序列轨迹形状，大体可以将其划分为三个历史阶段：第一阶段 1980～1986 年，为持续重度恶化阶段，该阶段中国价格贸易条件指数由 1981 年的 120 跌至 1986 年的 85，跌幅高达 29.2%；第二阶段 1987～1998 年，该阶段价格贸易条件呈现震荡改善态势，仅在 1988 年、1991 年和 1993 年出现过微跌，但改善态势并不强劲，涨幅仅为 14.4%，为跌幅的一半；第三阶段 1999～2013 年，该阶段的价格贸易条件指数走势表现为震荡重度恶化，除了 2001 年和 2009 年有所改善之外，其他年度均以恶化趋势为主。价格贸易条件指数由 1999 年的 104，跌至 2013 年的 74.8，跌幅为 28.9%，与第一阶段的恶化态势基本持平。见图 7－2。

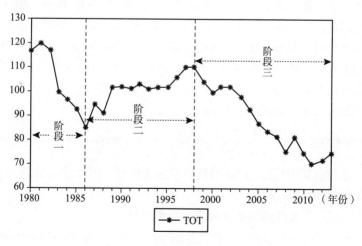

图 7－2 中国价格贸易条件变化阶段

综合以上分析，不难总结中国价格贸易条件水平值变化的基本特征：恶化阶段多于改善阶段，恶化程度大于改善程度，且价格贸易条件的恶化与改善在时间和程度分布上表现出明显的非对称性特征。

7.1.2　价格贸易条件波动性的变化趋势与阶段划分

与水平值变动相比，价格贸易条件波动性的变化趋势更为重要，近年来更受国内外学者的关注，已成为价格贸易条件研究领域中一个新的研究方向。为了保证研究结论的稳健性，本节采用移动标准差和GARCH(1，1) 模型两种方法来度量中国价格贸易条件的波动性。

一、价格贸易条件波动性的度量方法

（一）移动标准差方法

移动标准差方法（Moving Standard Deviation，MSD）是刻画价格贸易条件波动性的经典方法，戈尔和拉姆（Goel，Ram，2001）、格赖姆斯（Grimes，2006）等均使用该方法研究过价格贸易条件的波动性问题。从理论上讲，移动标准差的移动阶数越大越好，但阶数越大所带来的数据损失也较大，由于本节所使用的是年度数据，数据长度相对较短，只有34年，所以综合考虑选择使用4阶移动标准差。具体公式见式（7-3）：

$$\text{VTOT}_{\text{MSD}(4)} = \left[\frac{1}{4} \sum_{i=1}^{4} (\log\text{TOT}_{t+i-1} - \log\text{TOT}_{t+i-2})^2 \right]^{\frac{1}{2}} \quad (7-3)$$

这里，$\text{VTOT}_{\text{MSD}(4)}$代表对价格贸易条件求4阶移动标准差，$\log\text{TOT}_t$代表价格贸易条件对数。

（二）广义自回归条件异方差模型方法

广义自回归条件异方差（Generalized Autoregressive Conditional Heteroskedas-ticity，GARCH）模型方法是度量价格贸易条件波动性

的另一种有效工具。布利尼和格林纳威（Bleaney，Greenaway，2001）、伊斯拉木（Islam，2004）等均采用过该方法度量价格贸易条件的波动性问题。该方法对恩格尔（Engle，1982）提出的自回归条件异方差（ARCH）模型进行了动态扩展，由博勒斯莱文（Bollerslev，1986）等提出和完善，在金融和经济时间序列领域有着广泛的应用和发展。

一个含有 p 阶滞后项的 ARCH 模型表示为：

$$y_t = \pi_0 + \sum_{i=1}^{k} \pi_i y_{t-i} + \varepsilon_t \qquad (7-4)$$

$$\sigma_t^2 = \omega + \sum_{i=1}^{p} \alpha_i \varepsilon_{t-i}^2 \qquad (7-5)$$

其中，$\omega > 0$，$\alpha_i > 0$，且有 $\sum_{i=1}^{p} \alpha_i < 1$。随机扰动项 ε_t 的条件方差 σ_t^2 被描述成过去各期残差平方和的加权平均形式。

为了避免估计过多的参数，在 y_t 存在高阶条件异方差时，博勒斯莱文（Bollerslev，1986）建议使用 GARCH 模型来描述条件方差 σ_t^2，即：

$$\sigma_t^2 = \omega + \sum_{i=1}^{p} \alpha_i \varepsilon_{t-i}^2 + \sum_{i=1}^{q} \beta_i \sigma_{t-i}^2 \qquad (7-6)$$

这里，$\omega > 0$，$\alpha_i > 0$，$\beta_i > 0$，且有：$\sum_{i=1}^{\max(p,q)} (\alpha_i + \beta_i) < 1$。从式（7-6）中不难看出，随机扰动项 ε_t 的条件方差 σ_t^2 依赖于一个常数项、过去各期扰动的平方和以及过去各期扰动的条件方差。在实际应用过程中，经常采用 GARCH(1，1) 模型，即：

$$\sigma_t^2 = \omega + \alpha \varepsilon_{t-1}^2 + \beta \sigma_{t-1}^2 \qquad (7-7)$$

二、价格贸易条件波动性的主要趋势及特征

图 7-3 给出了根据移动标准差和 GARCH(1，1) 模型所计算出来的中国价格贸易条件波动性的时间轨迹。其中，VTOTMSD 表示价格贸易条件的四阶移动标准差序列，VTOTGARCH 表示价格贸易条件序列用 GARCH(1，1) 模型拟合后生成的条件标准差序列。

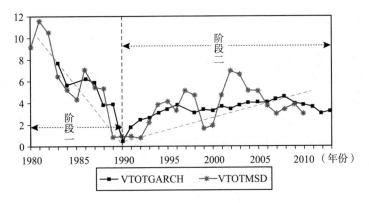

图7-3　中国价格贸易条件波动性及阶段性划分

图7-3显示：尽管与移动标准差相比，来自GARCH（1，1）模型的条件标准差的时间轨迹略显平滑，但两个价格贸易条件波动性时间序列的走势基本是一致的。与水平值变化具有明显的阶段性特征相似，中国价格贸易条件波动性路径也呈现出明显的分段特征。总体来看，中国价格贸易条件波动性的变化轨迹以1990年为转折点，呈现出"V"字型结构，在"V"字型结构的左侧（1980～1990年），下降的坡度比较陡峭，说明价格贸易条件波动性下降速度较快，而在"V"字型结构的右侧（1990～2013年），上升的坡度比较平缓，意味着价格贸易条件波动性在缓慢增强。

7.2　价格贸易条件冲击持久性的测定

7.2.1　测定价格贸易条件冲击持久性的重要意义

价格贸易条件定义为出口价格指数与进口价格指数的比率，是国际贸易领域中最重要的相对价格之一。价格贸易条件冲击不仅是一国实际产出波动的主要诱导因素，而且还在相当程度上影响公共和私人的储蓄与消费决策行为（Age′nor et al.，2000）。例如，阿拉比卡咖啡（Arabica Coffee）是埃塞俄比亚的主要出口商品。1986～1987 年，受供给大于需求等因素影响，阿拉比卡咖啡价格暴跌，最终导致埃塞俄比亚价格贸易条件下降40%。价格贸易条件的恶化，造成了埃塞俄比亚实际收入、储蓄水平和消费能力均出现了不同程度的下滑。

　　价格贸易条件冲击本质上是一种财政冲击，价格贸易条件变动对实际收入、储蓄和消费的冲击需要国内政策作出积极反应，但是在做正确反应之前，必须对价格贸易条件冲击的持久性进行度量和判断。如果价格贸易条件冲击是短期的，则可以通过改变国内储蓄或调整国际借贷来平滑国民消费路径。如果价格贸易条件冲击是长期的，那么反周期的调控政策将失效，一国需要将消费调整到新的永久收入水平（Obstfeld，1982）。一旦对价格贸易条件冲击持久性判断错误，则会缩小正向价格贸易条件冲击的利益，放大负向价格贸易条件冲击的损失。例如，20 世纪 70 年代初期，大多数非洲国家的价格贸易条件不断恶化，很多政府对价格贸易条件冲击的持久性判断错误，由此而采取的不恰当的财政政策最终导致了非洲沉重的债务水平和极低的经济增长率。

　　然而需要指出的是，测定价格贸易条件冲击持久性的研究并未引起学术界的足够重视。中国是一个发展中的贸易大国，初级产品和低端加工贸易品占出口产品的比重较大。这意味着，与发达国家相比，中国价格贸易条件的变化更加敏感，由此产生的价格贸易条件冲击对宏观经济的影响不容小视。当前，受全球金融危机余波未平、世界经济可能二次触底等多重因素影响，中国价格贸易条件冲击及其对宏观经济运行影响的不确定性明显增强。在此背景下，测度和研判中国价格贸易条件冲击的持久性，对中国制定相关贸易政策以及管理和干预价格贸易条件冲击效应具有重要的现实意义。

7.2.2 模型与方法

一、AR(p) 模型

时间序列冲击的持久性，是指时间序列在受到外部随机因素干扰后重新返回静态所需的时间。本节采用 AR(p) 模型中滞后项系数的算术和来度量中国价格贸易条件冲击的持久性。具体的模型形式如下：

$$\text{Tot}_t = \mu + \alpha(L)\text{Tot}_{t-1} + \varepsilon_t \qquad (7-8)$$

这里，Tot_t 表示价格贸易条件序列，μ 表示截距项，L 表示滞后算子，$L\text{Tot}_t = \text{Tot}_{t-1}$，$\alpha(L) = \alpha_1 + \alpha_2 L + \cdots + \alpha_p L^{p-1}$，表示滞后因子多项式，且 $z^p - \alpha_1 z^{p-1} - \alpha_2 z^{p-2} - \cdots - \alpha_p = 0$ 的根绝对值均落在单位圆内。p 表示滞后阶数，ε_t 表示随机扰动项。价格贸易条件冲击持久性的计量含义，可以表示为一个单位的随机冲击对价格贸易条件带来的累积效应，这可以使用累积脉冲响应函数（Cumulative Impulse Response Function，CIRF）直观表示：

$$\text{CIRF} = \sum_{i=0}^{\infty} \frac{\partial \text{Tot}_{t+i}}{\partial \varepsilon_t} = \frac{1}{1 - \alpha(1)} \qquad (7-9)$$

其中，$\alpha(1) = \sum_{i=1}^{p} \alpha_i$，显然 $\alpha(1)$ 决定了价格贸易条件冲击的持久性特征，$\alpha(1)$ 越接近 1，CIRF 就越难收敛，随机冲击对 Tot_t 的累积影响也就越大。为了避免式（7-8）中被解释变量滞后项之间可能存在多重共线性，导致滞后项估计系数的标准差不精确而影响统计推断，可将式（7-8）进行等价变形处理：

$$\text{Tot}_t = \mu + \alpha \text{Tot}_{t-1} + \sum_{i=1}^{p-1} \lambda_i \Delta \text{Tot}_{t-i} + \varepsilon_t \qquad (7-10)$$

容易看出，式（7-10）实质上是一个扩展的迪基—富勒回归方程（ADF），将其展开合并之后与式（7-8）相同。这样一来，参数 α 就是度量价格贸易条件冲击持久性系数。要利用式

（7－10）进行计量建模，获得中国价格贸易条件冲击持久性系数合理可靠的估计值，首先要对式（7－10）的滞后阶数进行科学的设定。图7－4给出了中国价格贸易条件对数序列的自相关函数（ACF）图。

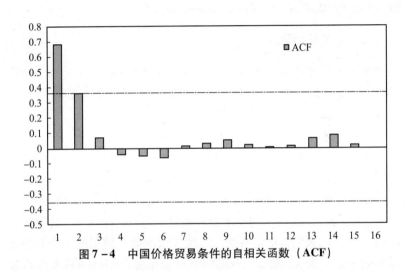

图7－4　中国价格贸易条件的自相关函数（ACF）

从图7－4中不难看出，从滞后2阶开始，中国价格贸易条件对数序列所有滞后阶数的自相关系数都陡然切断到0（即落在2个标准差的置信带区间内），这意味着，中国价格贸易条件对数序列仅存在一阶自相关。因此，采用AR(1)模型建模即可。具体模型形式如下：

$$\text{Tot}_t = \mu + \alpha \text{Tot}_{t-1} + \varepsilon_t \tag{7－11}$$

近年来，学术界对形如式（7－11）的AR(1)模型的估计方法提出了质疑。即在小样本情形下，AR(1)模型中自回归参数的最小二乘估计量向下偏倚（Andrews，1993），特别是参数 α 的真值越接近1，其被低估的程度越严重。① 由此基于最小二乘估计量所构建的渐进置信区间也不够精确。为了克服上述缺陷，安德鲁斯（Andrews，1993）对 AR(1) 模型参数 α 的最小二乘估计量 $\hat{\alpha}$ 及其置信区间进行了中值无偏修正，给出了参数 α 的精确中值无偏估计量（Exactly Median–Unbiased Esitamator）。②

二、中值无偏估计

令 $\hat{\alpha}$ 表示参数 α 的最小二乘估计量，对 $\forall \alpha \in (-1, 1]$，参数 α 的中位数函数 [m(α)] 具有严格单调递增性。则参数 α 的精确中位数无偏估计量 $\hat{\alpha}_\mu$ 被定义为：

$$\hat{\alpha}_\mu = \begin{cases} 1 & \text{如果 } \hat{\alpha} > m(1) \\ m^{-1}(\hat{\alpha}) & \text{如果 } m(-1) < \hat{\alpha} \leq m(1) \\ -1 & \text{如果 } \hat{\alpha} \leq m(-1) \end{cases} \quad (7-12)$$

这里，$m(-1) = \lim_{\alpha \to -1} m(\alpha)$，$m^{-1}: (m(-1), m(1)] \to (-1, 1]$ 表示 m(·) 的反函数，满足 $m^{-1}(m(\alpha)) = \alpha$ 对于 $\alpha \in (-1, 1]$。这表明，如果存在一连续中值函数，使得每一个真值 α 都对应一个中值 $\hat{\alpha}$，那么，我们就可以简单地使用反函数来得到参数 α 的一个中值无偏估计 $\hat{\alpha}_\mu$。即如果 $m(\alpha) = \hat{\alpha}$，则 $\hat{\alpha}_\mu = m^{-1}(\hat{\alpha})$。这就是中值无偏估计对最小二乘估计偏误的修正。不难看出，中值无偏估计的重要性质，就是参数被高估和低估的概率是相等的，均为 50%。

与中值无偏估计类似，安德鲁斯（Andrews，1993）给出了计算不同分位数 p 的分位数估计值方法：

---

① 之所以存在向下偏倚，是因为自回归参数的最小二乘估计量的分布形式是非对称的，存在左偏，致使其中值大于其均值。

② 随机变量中值的定义：如果存在 $P(x \geqslant M) \geqslant \frac{1}{2}$ 且 $P(x \leqslant M) \geqslant \frac{1}{2}$，则称 M 是随机变量 x 的中值。

$$\hat{\alpha}_{\mu} = \begin{cases} 1 & \text{如果 } \hat{\alpha} > q_p(1) \\ q_p^{-1}(\hat{\alpha}) & \text{如果 } q_p(-1) < \hat{\alpha} \leqslant q_p(1) \\ -1 & \text{如果 } \hat{\alpha} \leqslant q_p(-1) \end{cases} \qquad (7-13)$$

其中，$q_p(-1) = \lim_{\alpha \to -1} q_p(\alpha)$，$q_p^{-1}(\cdot)$ 表示分位数函数 $q_p(\cdot)$ 的反函数。通过计算分位数估计值，就可以为中值无偏估计量 $\hat{\alpha}_{\mu}$ 构造相应的置信区间。

三、冲击半衰期（Half – Life of a unit Shock，HLS）[①]

在中值无偏估计的基础上，进一步采用半衰期来量化中国价格贸易条件冲击的持久性。经济时间序列持久性的半衰期定义为，一单位冲击的脉冲响应衰减至其初始值一半时所用的时间。

对于 AR(1) 模型来说，冲击以常数速率单调衰减。其计算公式如下：

$$\text{HLS} = \text{ABS}\left[\frac{\log(1/2)}{\log(\alpha)}\right] \qquad (7-14)$$

其中，HLS 表示半衰期，ABS 表示取绝对值运算，α 为 AR(1) 模型参数。可以使用精准的中值无偏估计值 $\hat{\alpha}_{\mu}$ 和精准的 p 分位数估计值来计算半衰期及为半衰期构造置信区间，显然由此计算的半衰期及构造的置信区间也是中值无偏的。

7.2.3 实证结果分析

表 7 – 1 给出了中国价格贸易条件对数序列 AR(1) 模型回归参数 α 最小二乘估计结果、精确中值无偏估计结果及相应的半衰期计算结果。

表 7 – 1 中的结果显示：最小二乘估计量 $\hat{\alpha}_{ls} = 0.835$，中值无偏估计量 $\hat{\alpha}_{\mu} = 0.942$，对比两个估计量不难发现，最小二乘估计量确

---

① 也有学者译为"冲击半生命周期"。

实存在被低估现象。与中值无偏估计量相比，最小二乘估计量被低估了 0.107，约 12.8%。虽然在绝对量上这只是个很小的差异，但它对于价格贸易条件冲击持久性半衰期的衡量却具有重要的含义。基于最小二乘估计量计算的价格贸易条件半衰期是 3.84 年，即单位价格贸易条件冲击的脉冲响应消散一半所需要的时间为 3.84 年，这说明中国价格贸易条件冲击是短期的、暂时的,[①] 而基于中值无偏估计量计算的半衰期是 11.60 年，即单位价格贸易条件冲击的脉冲响应消散一半所需要的时间为 11.60 年，这说明价格贸易条件冲击是长期的、持续的，二者不仅在数值上相差三倍多，而且在冲击持续性质上也存在着本质不同。

表 7 - 1　　　　　　　最小二乘估计和中值无偏估计结果

序列	最小二乘估计结果			
Intot	$\hat{\alpha}_{ls}$	0.835	HLS_{ls}（年）	3.84
	中值无偏估计结果			
	$\hat{\alpha}_{\mu}$	$\hat{\alpha}_{\mu}$ 的 90% 双侧置信区间	HLS_{μ}（年）	HLS_{μ} 的 90% 双侧置信区间
	0.942	(1.90，1)	11.60	(6.36，21.54)

　　上述研究结论对后危机时代中国管理和干预价格贸易条件冲击具有重要的政策启示意义。相关部门在制定政策应对价格贸易条件冲击时，要充分考虑到冲击的长期性和持续性。多从持续提高居民收入水平、切实增强自主创新能力、加快转变对外贸易发展方式和积极推动外贸产业结构升级等长期视角采取措施缓和、对冲和吸收价格贸易条件冲击，尽量少使用短期的相机抉择的财政政策和储蓄调解政策，避免 20 世纪 70 年代非洲国家的价格贸易条件干预悲剧在中国重演。

---

　　① 按照保罗（Paul，2004）等认为，价格贸易条件冲击半衰期小于六年为短期冲击，大于六年为长期冲击。

7.3 本章小结

本章使用 H－P 滤波、移动标准差和 GARCH(1，1) 模型等统计和计量方法，对 1980～2013 年间中国价格贸易条件的均值水平和波动性的变动趋势及特征进行了实证分析。来自均值水平变化趋势的经验研究表明，长期来看，中国价格贸易条件呈现恶化趋势，在整个研究样本内，中国价格贸易条件的均值变化过程可以划分为三个阶段：第一阶段 1980～1986 年，为持续重度恶化阶段；第二阶段 1987～1998 年，该阶段价格贸易条件呈现震荡改善态势；第三阶段 1999～2013 年，该阶段的价格贸易条件指数走势表现为震荡重度恶化。来自波动性变化趋势的经验研究表明，总的来看，中国价格贸易条件整体波动性的变化轨迹以 1990 年为分界点，呈现"V"字型，在"V"字的左侧（1980～1990 年），下降的坡度相对陡峭，说明价格贸易条件波动性下降较快，而在"V"字的右侧（1990～2013 年），上升的坡度相对平缓，表明价格贸易条件波动性在缓慢增强。

此外，本章还对中国价格贸易条件序列自身的统计性质进行了深入研究。首次采用中值无偏估计方法对中国价格贸易条件冲击的持久性进行了实证分析，并计算了冲击半衰期。我们的研究得到两点结论。其一，中国价格贸易条件对数序列的 AR(1) 模型回归参数的最小二乘估计值为 0.835，而中值无偏估计值为 0.942，这说明最小二乘估计量确实存在被低估现象，被低估程度约为 12%，中值无偏估计量对最小二乘估计量的修正作用十分明显。上述估计结果同时表明，中国价格贸易条件序列服从近似单位根（Near Unit Root）过程。其二，半衰期的估算结果显示，中国价格贸易条件冲击的半衰期为 11.60 年，这意味着，中国价格贸易条件冲击是长期的、具有较强的持续性。

第 8 章

价格贸易条件及其波动性对经济增长的影响

价格贸易条件均值水平和价格贸易条件波动无疑会对一国的经济增长产生重要影响，特别是在全球经济一体化和世界出口价格水平日渐收敛的大背景下，研判一国经济增长对价格贸易条件变化的反应模式具有重要意义。一般来讲，价格贸易条件与经济增长之间具有正的相关关系，即一国的价格贸易条件改善会导致本国的投资规模增加，进而拉动该国的经济增长。门多撒（Mendoza，1997）、布利尼和格林纳威（Bleaney，Greenaway 2001）、布拉特曼（Blattman，2003，2004，2007）等研究均显示：价格贸易条件对经济增长具有正向影响。但也有研究认为，二者之间的影响关系是模糊的。价格贸易条件的改善可能会带来经济增长上升，也可能会导致经济增长下降。例如，艾彻（Eicher，2007）等提出了一个跨期模型考察了发展中国家的价格贸易条件恶化对自身经常账户和实际产出的影响。研究结果表明：发展中国家价格贸易条件的恶化会对收入和福利水平产生负面效应。但从长期来看，一国价格贸易条件的恶化将最终导致本国债务水平的同比例下降，而实际产出、资本存量和借贷水平等宏观经济变量则不发生变化。因此，价格贸易条件的变化只在短期内影响经济增长，在长期则对经济增长没有影响。

尽管价格贸易条件对经济增长的影响存在争议和分歧，但学术界对于二者之间的影响关系还是形成了一些典型化事实和经验证据。这些经验证据的获取，多集中于跨国研究。而从时间序列视角重点考察某一具体国家价格贸易条件与其自身经济增长水平之间影响关系的研究和证据相对不足。实际上，这种纯时间序列视角的价格贸易条件影响经济增长的经验证据对维系二者之间稳定的影响关系具有重要意义。基于此，我们采用时间序列数据重点研究了中国价格贸易条件对人均实际 GDP 的影响。

本章主要包括五个部分：第一部分对本章选取的解释变量进行了详细的说明；第二部分重点介绍本章使用的研究方法，包括 ADF 单位根检验、菲利普斯—配龙（PP）单位根检验、DF – GLS 单位根检验、Johansen 协整检验、脉冲响应函数以及预测误差方差分解等；第三部分描述了本章所使用变量的数据来源；第四部分列出了本章的估计结果，并对估计结果进行分析；第五部分是本章小结，全面总结了本章的研究结论。

8.1　变量选择说明

本章基于哈利森（Harrison，1996）提出的扩展生产函数来研究价格贸易条件对经济增长的影响。包括七个变量，分别是：人均实际产出水平（Y）、劳动（L）、资本（K）、价格贸易条件水平（TOT）、价格贸易条件波动性（VTOT）、石油价格（O）和金融发展（FID）。其中，价格贸易条件波动性变量由四阶移动标准差和 GARCH（1，1）模型来度量（具体方法见第 7 章），分别由 $VTOT_{MSD(4)}$ 和 $VTOT_{GARCH(1,1)}$ 表示。为了区分价格贸易条件水平和不同的价格贸易条件波动性度量结果对经济增长的不同影响，我们把上述七个变量分为三组：

第一组（Group1）包括：人均实际 GDP、劳动、资本、价格贸易条件、石油价格和金融发展。第二组（Group2）包括：人均实际 GDP、劳动、资本、价格贸易条件波动性（$VTOT_{MSD(4)}$）、石油价格和金融发展。第三组（Group3）包括：人均实际 GDP、劳动、资本、价格贸易条件波动性（$VTOT_{GARCH(1,1)}$）、石油价格和金融发展。

选择石油价格变量是因为，一方面，越来越多的研究表明，石油价格变化与宏观经济增长表现密切相关（Barsky，Kilian，2004）。另一方面，有研究表明：石油价格变动对价格贸易条件变动具有很强的解释能力，例如，巴科斯和克鲁恰尼（Backus，Crucini，2000）使用一个动态一般均衡模型发现，石油价格占过去 25 年中价格贸易条件变动的大部分，其角色的重要性伴随着时间的推移而有显著的不同。并且还发现，在 1972～1987 年，工业化国家的价格贸易条件变化主要是由石油价格的变动所引致的。

并且自布雷顿森林体系瓦解后，价格贸易条件的波动性在很大程度上不取决于名义汇率或实际汇率的波动性，而是由石油价格的波动性（Backus，Crucini，2000）所引起的。因此，石油价格变化是价格贸易条件均值水平和波动性变动的非常重要的决定因素之一。

同样地，金融发展与经济增长也具备相当强的关联性，一个健全的金融体系对经济增长尤为重要（Levine，1997；King，Levine，1993；Liu，Hsu，2006；Ang，Mckibbin，2007）。此外，金融发展与价格贸易条件冲击也具有内在关联性，健全、良好的金融体系能够较好地平滑消费，吸收价格贸易条件冲击。

8.2 研究方法

研究上述三组变量之间的影响关系，首先要对变量数据序列的平稳性进行检验，为了保证检验结论的稳健性，本章采用 ADF 单位根检验、菲利普斯—配龙（PP）单位根检验和 DF - GLS 单位根检验三种时间序列平稳性检验方法。由于 ADF 单位根检验方法比较熟悉，本节重点介绍菲利普斯—配龙（PP）单位根检验和 DF - GLS 单位根检验两种检验方法。此外，本节还介绍了约翰森（Johansen）协整检验、脉冲响应函数和预测误差方差分解方法。

8.2.1　菲利普斯—配龙(PP)单位根检验

菲利普斯和配龙（Phillips，Perron，1988）给出了一种新的检验时间序列平稳性的计量方法，即菲利普斯—配龙（PP）单位根检验方法。该单位根检验方法与扩展的迪基—富勒（ADF）单位根检验方法的主要区别，体现在对随机误差项存在的序列相关性和异方差性问题的处理上。ADF 单位根检验方法使用一个回归方程来描述检验方程中随机误差项的自回归移动平均结构特征，而 PP 单位根检验方法则在刻画检验方程的过程中忽略随机误差项的序列相关性和异方差性，通过调整参数检验统计量 $t_{\pi=0}$ 和 $T\hat{\pi}$ 来校正检验方程中随机误差项 μ_t 潜在的序列相关性和异方差性。因此，PP 单位根检验方法可以被视为对 ADF 单位根检验方法的一种改进，该方法在金融时间序列领域中有着广泛的应用。PP 单位根检验方法的一般形式如下：

$$\Delta y_t = \beta' D_t + \pi y_{t-1} + \mu_t \tag{8-1}$$

这里，D_t 表示一个含有常数项和趋势项的向量，μ_t 是 I(0) 平稳时间序列过程，可能存在序列相关性和异方差性。令 Z_t 和 Z_π 分别代表调整后的 $t_{\pi=0}$ 和 $T\hat{\pi}$ 统计量形式，有：

$$Z_t = \left(\frac{\hat{\sigma}^2}{\hat{\lambda}^2}\right)^{1/2} t_{\pi=0} - \frac{1}{2}\left(\frac{\hat{\lambda}^2 - \hat{\sigma}^2}{\hat{\lambda}^2}\right)\left(\frac{T \times SE(\hat{\pi})}{\hat{\sigma}^2}\right) \tag{8-2}$$

$$Z_\pi = T\hat{\pi} - \frac{1}{2}\frac{T^2 \times SE(\hat{\pi})}{\hat{\sigma}^2}(\hat{\lambda}^2 - \hat{\sigma}^2) \tag{8-3}$$

这里，$\hat{\lambda}^2$ 与 $\hat{\sigma}^2$ 是参数 $\lambda^2 = \lim_{T\to\infty} \sum_{t=1}^{T} E[T^{-1}S_T^2]$ 与 $\sigma^2 = \lim_{T\to\infty} T^{-1} \sum_{t=1}^{T} E[\mu_t^2]$ 的一致估计量。$SE(\hat{\pi})$ 代表参数估计量 $\hat{\pi}$ 的标准差，$S_T = \sum_{t=1}^{T} \mu_t$，$\hat{\sigma}^2$ 可以使用 OLS 估计的残差 $\hat{\mu}_t$ 的样本方差来计算，$\hat{\lambda}^2$ 可用误差项 μ_t 的 Newey - West 长期方差估计计算。

在原假设存在单位根（$\pi = 0$）的情况下，调整后的参数检验统计量 Z_t 和 Z_π 与 ADF 单位根检验的 t 统计量和正态有偏统计量（Normalised bias statistics）具有相同的渐进分布形式。

8.2.2　DF - GLS 单位根检验

艾略特、罗滕伯格和斯托克（Elliott, Rothenberg & Stock, 1996）给出了 DF - GLS 单位根检验方法，该方法也被称为 ERS 单位根检验方法。执行 DF - GLS 单位根检验主要包含两步：

第一步：使用广义最小二乘法（GLS）对原始时间序列 $\{y_t\}$ 进行退势处理。令 $\{y_t^d\}$ 代表退势后的时间序列，则有：

$$y_t^d = y_t - \hat{\beta}'D_t \qquad (8-4)$$

这里，D_t 表示一个含有常数项和趋势项的二维向量，$\hat{\beta}'$ 表示使用广义最小二乘方法后得到的参数估计量向量。

第二步：把对"退势"后的时间序列应用于扩展的迪基—富勒（ADF）单位根检验方程。由于经过退势处理，此时检验方程中已经不再包含趋势项和常数项了，模型的具体形式如下：

$$\Delta y_t^d = \pi y_t^d + \sum_{j=1}^{p} \varphi_j \Delta y_{t-j}^d + \mu_t \qquad (8-5)$$

检验时间序列 $\{y_t\}$ 是否存在单位根，关键是看参数 $\pi = 0$ 是否显著，由此可知，DF - GLS 单位根检验的实质就是退势版的 ADF 单位根检验。艾略特、罗滕伯格和斯托克（Elliott, Rothenberg & Stock, 1996）证明，DF - GLS 单位根检验的检验统计量和 ADF 单位根检验的检验统计量具有相同的渐进分布形式，但 DF – GLS 方法检验势力比 ADF 强。

8.2.3 约翰森（Johansen）协整检验

一、协整定义

时间序列是一类随机的过程，如果两个时间序列过程的变化态势始终保持着较平稳的关系，即随着时间的变动，两个时间序列保持着一致的行走趋势或平行趋势，则把两个时间序列的这种变化关系称为协整（Cointegration）。

更为严格的数学定义如下：如果时间序列 $\{y_t\}$ 和 $\{x_t\}$ 具有同阶平稳性（要么全是零阶单整，要么全是一阶单整），且有：

$$\mu_t = y_t - \alpha - \beta x_t \qquad (8-6)$$

如果时间序列 μ_t 是白噪声，或者是平稳时间序列过程，则称序列 $\{y_t\}$ 和 $\{x_t\}$ 是协整的。其中，β 表示协整系数。

时间序列协整概念的界定，有效地解决了计量建模中的"伪回归"问题。同时，也为判断两个序列是否具有协整关系提供了思路，即对两个时间序列线性回归的残差的平稳性进行检验。目前，较为常用的协整检验方法有：E – G 两步法协整检验和 Johansen 协整检验。本章主要采用 Johansen 协整检验来研究上述三组变量的协整关系。

二、约翰森（Johansen）协整检验

协整方法提出了两个似然比检验来检测系统中协整向量的数量，也就是最大特征值（λ_{Max}）和迹（λ_{Trace}）统计值，分别由以下检验统计量来计算：

$$\lambda_{Max} = -Tln(1 - \lambda_{r+1}) \qquad (8-7)$$

$$\lambda_{Trace} = -T \sum_{i=r+1}^{p} \ln(1 - \lambda_i) \qquad (8-8)$$

式（8-8）中，T 表示样本容量，ln 表示取对数运算，λ_i 为特征值。式（8-7）中 λ_{Max} 检验统计的原假设（H_0）为：变量集合中存在 r 个协整向量；备则假设（H_a）为：变量集合中存在 $\{r+1\}$ 个协整向量。λ_{Trace} 检验统计的原假设（H_0）为：变量集合中至多有 r 个协整向量；备则假设（H_a）为：协整向量的数量少于或者等于 r 个。

根据约翰森（Johansen）协整检验、相关经济理论和有关经验研究结论，可以对上述三组变量内部的协整关系做一个预判和分析。每组变量中可能存在两个协整向量，第一个协整向量应该由标准化人均实际 GDP 界定，第二个协整向量应该由标准化价格贸易条件界定。作出上述预判和界定，主要是基于以下两方面考虑：其一，来自哈利森（Harrison，1996）的扩展的生产函数显示：以人均实际 GDP 为代表的经济增长受资本、劳动、金融发展和价格贸易条件等因素影响。其二，价格贸易条件受石油价格变动的影响较为强烈（Backus，Crucini，2000）。

更具体地说，第一组、第二组、第三组中可能存在的第一个协整向量和第二个协整向量分别是：

Group1（a）　　$\log Y_t = \beta_{10} + \beta_{11} \log K_t + \beta_{12} \log L_t$
$$+ \beta_{13} \log TOT_t + \beta_{14} \log FID_t + u_{1,t} \qquad (8-9)$$

Group1（b）　　$\log TOT_t = \beta_{20} + \beta_{21} \log O_t + u_{2,t} \qquad (8-10)$

Group2（a）　　$\log Y_t = \beta_{30} + \beta_{31} \log K_t$
$$+ \beta_{32} \log L_t + \beta_{33} VTOT_{MSD(4),t}$$
$$+ \beta_{34} \log FID_t + u_{3,t} \qquad (8-11)$$

Group2（b）　　$VTOT_{MSD(4),t} = \beta_{40} + \beta_{41} \log O_t + u_{4,t} \qquad (8-12)$

Group3（a）　　$\log Y_t = \beta_{50} + \beta_{51} \log K_t + \beta_{52} \log L_t$
$$+ \beta_{53} VTOT_{GARCH(1,1),t} + \beta_{54} \log FID_t + u_{5,t}$$
$$(8-13)$$

Group3（b）　　　$VTOT_{GARCH(1,1),t} = \beta_{60} + \beta_{61} \log O_t + u_{6,t}$　　　（8 − 14）

其中，log 表示取自然对数运算，Y_t 表示人均实际 GDP，K_t 表示资本，L_t 表示劳动，TOT_t 表示价格贸易条件，FID_t 表示金融发展，O_t 表示石油价格，$VTOT_{MSD(4),t}$ 是由四阶移动标准差度量的价格贸易条件波动性，$VTOT_{GARCH(1,1),t}$ 是由 GARCH（1，1）模型度量的价格贸易条件波动性，$u_{i,t}$（i = 1，2，3，4，5，6）表示随机扰动项。

从影响方向上来说，第一个协整向量中，资本、劳动、价格贸易条件、金融发展等变量对人均实际 GDP 的影响应该是正向的，其变量所对应的参数的估计系数应该是大于零的（Harrison，1996；Ang，Mckibbin，2007），而价格贸易条件波动对人均实际 GDP 的影响应该是负向的，其变量所对应的参数的估计系数应该是小于零的。第二个协整向量中，石油价格变化对价格贸易条件波动影响的系数应该是负向的。

8.2.4　脉冲响应函数

脉冲响应函数分析建立在向量自回归模型（VAR）基础上，任何一个 VAR 模型均可以表示为一个无穷阶的向量移动平均 MA（∞）过程。

$$Y_{t+s} = U_{t+s} + \psi_1 U_{t+s-1} + \psi_2 U_{t+s-2} + \cdots + \psi_s U_t + \cdots \quad （8 − 15）$$

$$\psi_s = \frac{\partial Y_{t+s}}{\partial U_t} \quad （8 − 16）$$

矩阵 ψ_s 中，第 i 行第 j 列元素表示的是，当第 j 个变量 $y_{j,t}$ 所对应的随机扰动项 $u_{j,t}$，在 t 时刻受到一个单位的冲击后，对第 i 个内生变量 $y_{i,t}$ 在 t + s 期造成的影响。

把矩阵 ψ_s 中第 i 行第 j 列元素视为滞后期 s 的函数，则有：

$$\frac{\partial y_{i,t+s}}{\partial u_{j,t}}, \quad s = 1, 2, 3, \cdots \quad （8 − 17）$$

式（8-17）称作脉冲响应函数（impulse-response function），它描述了其他变量在 t 期以及以前各期保持不变的前提下，$y_{i,t+s}$ 对 $u_{j,t}$ 的一次冲击的响应过程。

8.2.5 预测误差方差分解

$$\mathrm{MSE}(\hat{Y}_{t+s\,|\,t}) = \mathrm{E}\big[\,(Y_{t+s} - \hat{Y}_{t+s\,|\,t})(Y_{t+s} - \hat{Y}_{t+s\,|\,t})'\,\big]$$
$$= \Omega + \psi_1 \Omega \psi'_1 + \psi_2 \Omega \psi'_2 + \cdots + \psi_{s-1} \Omega \psi'_{s-1} \quad (8-18)$$

其中，$\Omega = \mathrm{E}(u_t u'_t)$。

考察每一个正交化误差项对 $\mathrm{MSE}(\hat{Y}_{t+s\,|\,t})$ 的贡献。把 u_t 变换为正交化误差项 v_t。

$$u_t = M v_t = m_1 v_{1t} + m_2 v_{2t} + \cdots + m_N v_{Nt} \quad (8-19)$$

$$\Omega = \mathrm{E}(u_t u'_t) = (m_1 v_{1t} + m_2 v_{2t} + \cdots + m_N v_{Nt})(m_1 v_{1t} + m_2 v_{2t} + \cdots + m_N v_{Nt})'$$
$$= m_1 m'_1 \mathrm{Var}(v_{1t}) + m_2 m'_2 \mathrm{Var}(v_{2t}) + \cdots + m_N m'_N \mathrm{Var}(v_{Nt})$$
$$(8-20)$$

把用式（8-20）表达的 Ω 代入式（8-18），并合并同期项：

$$\mathrm{MSE}(\hat{Y}_{t+s\,|\,t}) = \sum_{j=1}^{N} \mathrm{Var}(v_{jt})(m_j m'_j + \psi_1 m_j m'_j \psi'_1 + \psi_2 m_j m'_j \psi'_2 + \cdots$$
$$+ \psi_{s-1} m_j m'_j \psi'_{s-1}) \quad (8-21)$$

则 $\dfrac{\mathrm{Var}(v_{jt})(m_j m'_j + \psi_1 m_j m'_j \psi'_1 + \cdots + \psi_{s-1} m_j m'_j \psi'_{s-1})}{\sum_{j=1}^{N} \mathrm{Var}(v_{jt})(m_j m'_j + \psi_1 m_j m'_j \psi'_1 + \cdots + \psi_{s-1} m_j m'_j \psi'_{s-1})}$ 表示

正交化的第 j 个信息对前 s 期预测量 $\hat{Y}_{t+s\,|\,t}$ 方差的贡献百分比。

8.3 指标构造与数据描述

本章使用的所有数据的样本范围从 1980~2010 年。其中，实际人均 GDP 指标由人均名义 GDP 指标除以居民消费者价格指数的发展速度（2000 年 = 100）计算。数据来源于《2011 年中国统计年鉴》。劳动指标用全社会就业人数来度量，数据来源于《2011 年中国统计年鉴》，考虑到数量级的关系，用 2000 年 = 100 对原始数据进行了标准化换算。资本指标用总的固定资本形成数据来代替，数据来源于 World Bank，同样使用 2000 年 = 100 对其进行了标准化换算。金融发展指标使用对私人部门的债权（Claims on private sector）占 GDP 的比重来度量，数据来源于 World Bank。价格贸易条件数据（2000 年 = 100）定义为：出口价格指数与进口价格指数之比，数据来源于 World Bank。价格贸易条件波动性采用第 7 章给出的四阶移动标准差和 GARCH(1，1) 模型来度量，具体公式和模型形式参见第 7 章。石油价格来自国际货币基金组织（IMF）的国际金融统计（IFS）数据库（2000 年 = 100）。图 8 - 1 ~ 图 8 - 8 给出了上述变量的时间序列轨迹。

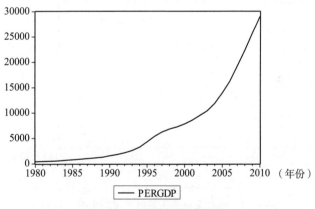

图 8 - 1　人均实际 GDP 时序

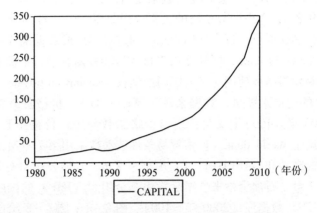

图 8 – 2　固定资本形成时序（**2000 年 =100**）

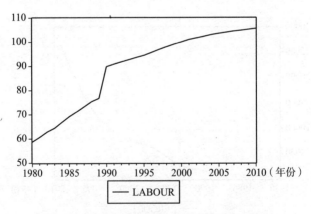

图 8 – 3　全社会就业人数时序（**2000 年 =100**）

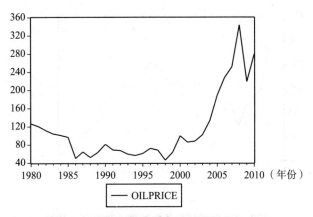

图 8-4　世界石油价格时序（2000 年 =100）

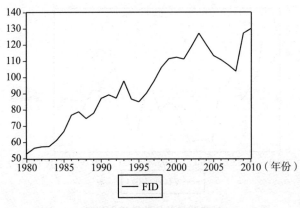

图 8-5　金融发展指标时序

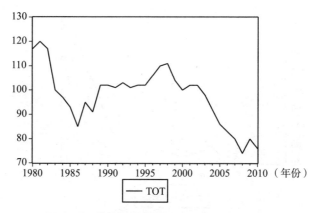

图 8 – 6　价格贸易条件时序（**2000 年 = 100**）

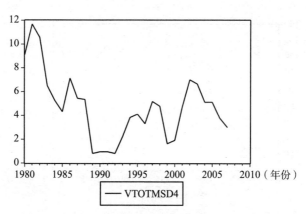

图 8 – 7　价格贸易条件波动性 **VTOT**$_{MSD(4)}$ 时序

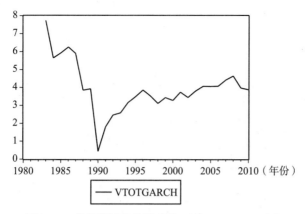

图8－8　价格贸易条件波动性 VTOT$_{\text{GARCH}(1,1)}$ 时序

　　为了考察和预判其他变量对人均实际 GDP 的可能影响关系，我们进一步给出了人均实际 GDP 变量（Y）与资本（K）、劳动（L）、石油价格（O）、金融发展（FID）、价格贸易条件（TOT）等变量之间的散点图，同时，我们还绘制了价格贸易条件变量（TOT）与石油价格变量（O）之间的散点图（所有数据都进行了取自然对数运算），如图 8－9～图 8－14 所示：

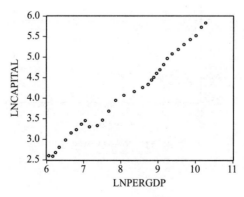

图8－9　Y 与 K 的散点

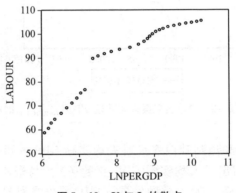

图 8 – 10　Y 与 L 的散点

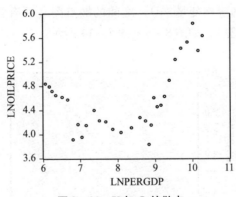

图 8 – 11　Y 与 O 的散点

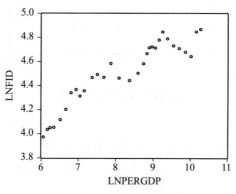

图 8 – 12 Y 与 FID 的散点

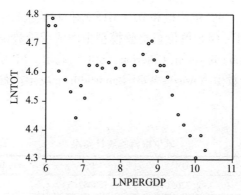

图 8 – 13 Y 与 TOT 的散点

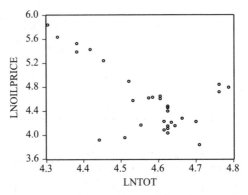

图 8-14 TOT 与 O 的散点

8.4 估计结果分析

在做协整检验和方差分解之前，必须对变量序列的平稳性进行检验。表 8-1 给出了上述变量原始对数序列和一阶差分对数序列的 ADF 单位根、PP 单位根和 DF-GLS 单位根的检验结果。ADF 单位根检验和 DF-GLS 单位根检验模型中的滞后阶数由施瓦茨贝叶斯准则（Schwarz Bayesian Criterion，SBC）确定。PP 单位根检验模型中的滞后阶数由 Newey-West Bandwidth 来决定。最大的滞后长度设定为 7 阶。

表 8-1　　　　　　　　　　单位根检验统计结果

序列	ADF	PP	DF-GLS
$\log Y_t$	-2.7265(1)	-1.8082(3)	-0.3999(1)
$\Delta \log Y_t$	-2.6748 *** (2)	-2.5408 *** (2)	-2.2843 ** (0)
$\log K_t$	-3.6641 ** (1)	-2.6067(3)	-0.0787(1)
$\Delta \log K_t$	-4.4918 * (3)	-3.6201 ** (4)	-3.1434 *** (0)
$\log L_t$	-0.9246(0)	-0.8137(3)	-0.3680(0)

续表

序列	ADF	PP	DF - GLS
$\Delta\log L_t$	$-4.6960\ ^{***}\ (0)$	$-4.7144\ ^{***}\ (2)$	$-4.7348\ ^{***}\ (0)$
$\log FID_t$	$-2.2918(0)$	$-2.2772(3)$	$-0.2627(0)$
$\Delta\log FID_t$	$-5.0307\ ^{***}\ (0)$	$-5.1662\ ^{***}\ (5)$	$-5.0399\ ^{***}\ (0)$
$\log TOT_t$	$-1.1451(0)$	$-1.6520(3)$	$-0.5414(0)$
$\Delta\log TOT_t$	$-5.6076\ ^{***}\ (0)$	$-5.6260\ ^{***}\ (3)$	$-5.5165\ ^{***}\ (0)$
$VTOT_{MSD(4),t}$	$-2.1015(0)$	$-2.1878(0)$	$-1.9798\ ^{*}\ (0)$
$\Delta VTOT_{MSD(4),t}$	$-4.6914\ ^{**}\ (0)$	$-4.6803\ ^{***}\ (2)$	$-4.7062\ ^{***}\ (0)$
$VTOT_{GARCH(1,1),t}$	$-3.3318\ ^{**}\ (0)$	$-3.2896\ ^{**}\ (1)$	$-2.8541\ (0)$
$\Delta VTOT_{GARCH(1,1),t}$	$-18.9314\ ^{***}\ (6)$	$-7.4158\ ^{***}\ (2)$	$-7.0981\ ^{***}\ (0)$
$\log O_t$	$-1.6380(0)$	$-0.4095(2)$	$-0.7017(0)$
$\Delta\log O_t$	$-5.9063\ ^{***}\ (0)$	$-5.9080\ ^{***}\ (1)$	$-6.0110\ ^{***}\ (0)$

注：log 是自然对数。Δ 表示一阶差分。括号中的值表示 ADF 检验、PP 检验和 DF - GLS 检验方程中的滞后项阶数。* 代表在 10% 的水平上显著；** 代表在 5% 的水平上显著，*** 代表在 1% 的水平上显著。

从表 8 - 1 中的检验结果来看，对数人均实际 GDP 变量（$\log Y_t$）、对数劳动变量（$\log L_t$）、对数金融发展变量（$\log FID_t$）、对数价格贸易条件变量（$\log TOT_t$）、对数石油价格变量（$\log O_t$）都是非平稳时间序列，来自三种单位根检验方法的检验结论均不能拒绝上述五个变量序列的数据生成过程含有单位根的原假设。采用 GARCH（1，1）度量的中国价格贸易条件波动性序列的检验结果显示，该序列是平稳的，其时间序列轨迹中不含有单位根。

但对对数资本变量序列（$\log K_t$）和用移动标准差方法度量的价格贸易条件波动序列来讲，检验结论存在争议。例如，ADF 单位根检验结论显示 $\log K_t$ 序列不存在单位根，是平稳时间序列过程，但是 PP 单位根检验和 DF - GLS 单位根检验则表明，不能拒绝 $\log K_t$ 序列存在单位根的原假设。同样的，对于 $VTOT_{MSD(4)}$ 序列，DF - GLS 单位根检验认为不存在单位根，是平稳序列，而 ADF 单位根检验和 PP 单位根检验方法得到的结论确实存在单位根，是非平稳时间序列过程。表 8 - 1 中的检验结果还显示：所有变量序列的一阶差分序列都是平稳时间序列，不含有单位根。

表 8 - 2 给出了 Johansen 协整检验结果。

表 8 - 2　　　　　Johansen（1988）似然比检验统计结果

分组	最大特征值检验统计量（λ_{Max}）					
H_0：	r = 0	r ≤ 1	r ≤ 2	r ≤ 3	r ≤ 4	r ≤ 5
H_a：	r = 1	r = 2	r = 3	r = 4	r = 5	r = 6
第一组	130.294*	55.615*	35.527*	30.604*	15.327*	0.310
第二组	79.207*	55.063*	33.048*	19.727	17.307*	4.611*
第三组	128.725*	84.756*	65.766*	32.597*	11.231	1.012
C. V.	40.077	33.876	27.584	21.131	14.264	3.841
分组	迹检验统计量（λ_{trace}）					
H_0：	r = 0	r ≤ 1	r ≤ 2	r ≤ 3	r ≤ 4	r ≤ 5
H_a：	r ≥ 1	r ≥ 2	r ≥ 3	r ≥ 4	r ≥ 5	r ≥ 6
第一组	267.679*	137.385*	81.770*	46.242*	15.638*	0.310
第二组	208.966*	129.759*	74.695*	41.646*	21.919*	4.611*
第三组	324.089*	195.364*	110.607*	44.841*	12.243	1.012
C. V.	95.753	69.818	47.856	29.797	15.494	3.841

注：每组变量均采用滞后一阶 VAR 模型进行估计，H_0 表示原假设，H_a 表示备则假设。C. V. 是 CriticalValue 的简写形式，表示的是 5% 的临界值。** 代表在 5% 的水平上显著。

表 8 - 2 中所有组的协整检验结果都是在无约束截距项和趋势项的条件下所得到的，来自最大特征值检验统计量 λ_{Max} 的检验结果表明，在 5% 的显著水平下，第一组变量中含有 5 个协整向量，即变量之间存在 5 个协整关系。第二组变量中至少含有 3 个协整向量。第三组变量中含有 4 个协整向量。来自迹检验统计量 λ_{trace} 的检验结果与最大特征值检验统计量 λ_{Max} 基本一致。在 5% 的显著水平下，第一组变量中至少含有 5 个协整向量。第二组向量中至少含有 6 个协整向量，第三组变量中至少含有 4 个协整向量。

由此可见，每组变量中含有 2 个协整向量的假设没有被拒绝，这意味着，前面我们的预判是正确合理的。本章分别以人均实际 GDP、价格贸易条件均值水平及其波动性为被解释变量对各自的协整向量进行了标准化处理。

表 8 - 3 给出了三个组的标准化协整向量形式。

表 8 - 3   标准化协整向量结果

分组	标准化协整向量
1	$\log Y_t = 1.500 \log K_t + 1.909 \log L_t + 0.065 \log TOT_t - 1.698 \log FID_t$ $\quad\quad\quad (1.0131) \quad\quad (1.0493) \quad\quad (1.0284) \quad\quad\quad (1.0455)$ $\log TOT_t = -0.292 \log O_t$ $\quad\quad\quad\quad (1.0283)$
2	$\log Y_t = 1.493 \log K_t + 3.090 \log L_t + 0.1208 VTOT_{MSD(4),t} - 2.069 \log FID_t$ $\quad\quad\quad (1.0536) \quad\quad (1.2227) \quad\quad (1.0150) \quad\quad\quad\quad (1.1560)$ $VTOT_{MSD(4),t} = -4.123 \log O_t$ $\quad\quad\quad\quad\quad (1.005)$
3	$\log Y_t = 1.523 \log K_t + 2.278 \log L_t + 0.064 VTOT_{GARCH(1,1),t} - 1.094 \log FID_t$ $\quad\quad\quad (1.0433) \quad\quad (1.1730) \quad\quad (1.0162) \quad\quad\quad\quad (1.1026)$ $VTOT_{GARCH(1,1),t} = 0.425 \log O_t$ $\quad\quad\quad\quad\quad\quad (1.0770)$

注：括号内数字是标准差。

表 8 - 3 的结果显示：在三组变量中，资本变量和劳动变量对人均实际 GDP 的影响与经典的经济理论所预期的相同，都对经济增长具有正向影响。此外，第一组变量中价格贸易条件均值水平与经济增长之间正相关，即价格贸易条件改善有助于推动中国经济的持续增长。

但第二组变量和第三组变量中，中国价格贸易条件波动性与经济增长之间影响关系的估计结果却与前人的实证检验结论有所不同。以往的研究文献发现，价格贸易条件均值水平对经济增长具有正向影响，而价格贸易条件波动性对经济增长的影响则为负，即价格贸易条件波动性的增强会降低经济增长水平。但我们的研究结论却发现，无论是采用四阶移动标准差方法，还是采用 GARCH(1，1) 模型来度量价格贸易条件标准差，估计结果都显示中国价格贸易条件波动性与人均实际 GDP 之间存在正相关关系，即价格贸易条件波动性增强反而对中国经济增长有利。

对此，我们参照门多撒（Mendoza，1997）的理论研究进行了解释，门多撒（Mendoza，1997）认为，与价格贸易条件均值水平一样，价格贸易条件的波动也同样会影响储蓄率和经济增长，但其效应可正可负，这主要取决于一国的风险厌恶程度。如果风险厌恶程度低，增长的贸易条件波动会降低增长。如果风险厌恶程度高，那么增长的价格贸易条件波动依然会导致较快的经济增长。有研究表明，改革开放至今，受传统计划经济思维影响，中国无论是投资者还是消费者都表现出较强的风险厌恶特征，这可能是对我们研究结论的一种解释。

第一组变量中的第二个协整关系表明，石油价格变动对价格贸易条件具有负向影响。但在石油价格变动如何影响中国价格贸易条件波动性的问题上，却没能得出一个一致稳健的研究结论。当采用四阶移动标准差度量中国价格贸易条件波动性时，石油价格变化对价格贸易条件波动性具有负向影响，而采用 GARCH(1，1) 模型来度量中国价格贸易条件波动性时，石油价格变化对价格贸易条件波动性又具有正向影响。

另外值得注意的是，金融发展被认为对经济增长有着重要的影响。我们的研究发现，金融发展对中国经济增长具有稳健的负向影响。我们对此给予的解释为，金融发展会便利化资源从储蓄者流向借贷者的渠道。但是，如果这些资金资源不能被充分使用，它便不会对经济增长作出显著的贡献。因此，金融发展只是经济增长的必要而非充分条件。

图 8 - 15 ～ 图 8 - 17 描述了中国人均实际 GDP 对价格贸易条件

均值水平和波动性的脉冲响应模式。

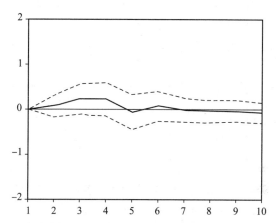

图 8 – 15　人均实际 GDP 对价格贸易条件均值水平的脉冲反应函数

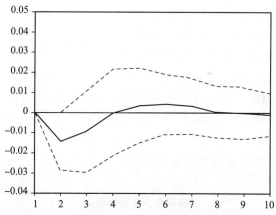

图 8 – 16　人均实际 GDP 对价格贸易条件波动性的
脉冲反应函数（VTOT$_{MSD(4)}$）

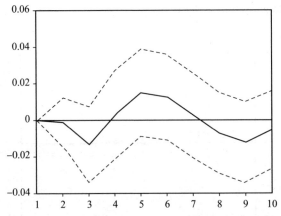

图 8 – 17　人均实际 GDP 对价格贸易条件波动性的
脉冲反应函数（$VTOT_{GARCH(1,1)}$）

　　脉冲响应函数能够描述经济系统中一个变量对其他变量变动的动态反应模式。图 8 – 15 显示：中国人均实际 GDP 对价格贸易条件的一个标准误差冲击的反应是正的，并在第五期（五年）后逐渐恢复到稳态水平。图 8 – 16 和图 8 – 17 显示：中国人均实际 GDP 对以四阶移动平均方法度量的和以 GARCH（1，1）模型度量的价格贸易条件波动性的一个标准误差冲击的反应基本是相同的，人均实际 GDP 对价格贸易条件波动性冲击的反应在初期是负向的，四期（四年后）转为正向，八期（八年后）又转为负向。

　　表 8 – 4 给出了预测误差方差分解结果。

表 8 – 4　　　　　　　　　预测误差方差分解结果

| | 第一组变量 | | | | | |
预测期数	$\Delta\log Y_t$	$\Delta\log K_t$	$\Delta\log L_t$	$\Delta\log TOT_t$	$\Delta\log FID_t$	$\Delta\log O_t$
1	100. 0000	0. 000000	0. 000000	0. 000000	0. 000000	0. 000000
2	89. 25080	7. 286593	1. 022668	1. 139800	0. 886387	0. 413755
3	80. 75329	6. 833653	0. 768987	7. 975843	3. 265375	0. 402849

续表

第一组变量

预测期数	$\Delta logY_t$	$\Delta logK_t$	$\Delta logL_t$	$\Delta logTOT_t$	$\Delta logFID_t$	$\Delta logO_t$
4	69. 68922	13. 66653	0. 639694	12. 01493	3. 084797	0. 904824
5	66. 26511	14. 31181	2. 471832	11. 55716	3. 903488	1. 490589
6	64. 71511	13. 42426	5. 296192	11. 39262	3. 717947	1. 453863
7	63. 35676	13. 72162	6. 940466	10. 54188	3. 599113	1. 840167
8	61. 48387	14. 30880	7. 975686	9. 989831	4. 071566	2. 170249
9	60. 80008	14. 58230	8. 196141	9. 845772	4. 378208	2. 197508
10	60. 18130	14. 70859	8. 200758	10. 16818	4. 444963	2. 296212

第二组变量

预测期数	$\Delta logY_t$	$\Delta logK_t$	$\Delta logL_t$	$\Delta VTOT_{MSD(4),t}$	$\Delta logFID_t$	$\Delta logO_t$
1	100. 0000	0. 000000	0. 000000	0. 000000	0. 000000	0. 000000
2	75. 81379	12. 51537	0. 031315	8. 19948	3. 164121	0. 275921
3	69. 64849	8. 19311	7. 357912	5. 597024	8. 374292	0. 829168
4	69. 36471	10. 6843	6. 493093	4. 912926	7. 53831	1. 006665
5	64. 83853	12. 02039	9. 29558	4. 568736	7. 877655	1. 399104
6	64. 05778	11. 9772	9. 97493	4. 471403	8. 179416	1. 339264
7	64. 98928	11. 22472	9. 713294	4. 273055	8. 058584	1. 741064
8	65. 88819	11. 17349	9. 270067	4. 015825	7. 568753	2. 083679
9	66. 15869	11. 25639	9. 053805	3. 93855	7. 499847	2. 092717
10	65. 77906	11. 46714	9. 208812	3. 915637	7. 492737	2. 136608

第三组变量

预测期数	$\Delta logY_t$	$\Delta logK_t$	$\Delta logL_t$	$\Delta VTOT_{CARCH(1,1),t}$	$\Delta logFID_t$	$\Delta logO_t$
1	100. 0000	0. 000000	0. 000000	0. 000000	0. 000000	0. 000000
2	93. 96272	2. 773949	2. 149151	0. 061807	0. 002153	1. 050216
3	85. 54866	3. 452313	3. 50777	6. 227832	0. 290627	0. 972802
4	81. 02822	8. 043226	3. 051335	5. 651271	0. 958498	1. 267452
5	71. 99589	9. 046836	4. 435088	11. 10322	0. 866447	2. 552522
6	68. 70782	8. 889597	4. 40309	14. 45957	1. 114087	2. 425837
7	68. 27067	9. 507307	4. 461887	14. 29348	1. 098967	2. 367692
8	66. 66182	10. 34171	5. 011084	14. 61459	1. 04085	2. 329943
9	64. 65364	9. 892235	5. 270156	17. 0014	0. 984151	2. 198416
10	64. 3161	9. 885917	5. 177534	17. 2082	1. 192632	2. 219611

表 8 - 4 的预测误差方差分解结果表明, 价格贸易条件均值水平对人均实际 GDP 的预测误差方差的贡献较大, 在第一组变量中, 仅次于资本对人均实际 GDP 的预测误差方差的贡献。价格贸易条件波动性对人均实际 GDP 的预测误差方差的贡献大小则依赖于价格贸易条件波动性的度量方法。使用四阶移动标准差方法度量的价格贸易条件波动性对人均实际 GDP 的预测误差方差的贡献较小, 使用 GARCH(1, 1) 模型度量的价格贸易条件波动性对人均实际 GDP 的预测误差方差的贡献较大。

8.5　本　章　小　结

本章综合采用 ADF 单位根检验、PP 单位根检验、DF - GLS 单位根检验、约翰森 (Johansen) 协整检验、脉冲响应函数和预测误差方差分解等计量和时间序列方法, 深入考察了 1980 ~ 2010 年中国价格贸易条件均值水平和价格贸易条件波动性对经济增长的影响。

来自三种单位根检验方法的检验结果显示: 在本章所考察的八个变量中, 人均实际 GDP、劳动、价格贸易条件、金融发展和石油价格五个变量序列均是非平稳时间序列。而对于资本和价格贸易条件波动性序列而言, 三种单位根检验方法没有得出稳健一致的检验结论。但是, 所有变量的一阶差分序列都通过了三种单位根检验方法, 都是平稳时间序列。

来自约翰森 (Johansen) 协整检验的结果表明, 本章所考察的八个变量中至少存在两个以上协整向量。本章分别使用人均实际 GDP 和价格贸易条件均值水平以及价格贸易条件波动性为解释变量, 结合相关的经济理论, 构建两个协整向量。标准化的协整向量结果显示, 中国的价格贸易条件均值水平及其波动性对人均实际 GDP 增长都具有正向影响。其中, 价格贸易条件对人均实际 GDP

增长具有正向影响的研究结论与布拉特曼（Blattman，2003，2004）、韦廉臣（Williamson，2003）的结论相一致。但价格贸易条件波动性对人均实际 GDP 增长也具有正向影响的研究结论却与格赖姆斯（Grimes，2006）和布拉特曼（Blattman，2004）的研究结论有所不同。对此，我们基于门多撒（Mendoza，1997）提出的理论给予解释。门多撒（Mendoza，1997）认为，与价格贸易条件均值水平一样，价格贸易条件的波动也同样会影响储蓄率和经济增长，但是其最终效应可正可负，这主要取决于一国的风险厌恶程度。如果风险厌恶程度低，增长的贸易条件波动会降低增长。如果风险厌恶程度高，那么，增长的价格贸易条件波动依然会导致较快的经济增长。有研究表明，改革开放至今，受传统计划经济思维影响，中国无论是投资者还是消费者都表现出较强的风险厌恶特征。正是由于这种较强的风险厌恶特征的存在，使得价格贸易条件波动性对中国经济增长具有正向影响。

来自脉冲响应函数的分析结果显示：中国人均实际 GDP 对价格贸易条件的一个标准误差冲击的反应是正的，而对价格贸易条件波动性的反应是先正后负。

来自方差分解的结果表明：价格贸易条件均值水平对人均实际 GDP 的预测误差方差的贡献较大，但价格贸易条件波动性对人均实际 GDP 的预测误差方差的贡献没能得出稳健的结论。

第9章

价格贸易条件冲击与经常账户动态

价格贸易条件定义为出口价格与进口价格之比，用来反映一国出口换进口的能力。近年来，随着经济全球化程度的不断加深，价格贸易条件变量在宏观经济系统中的重要性日益凸显。价格贸易条件冲击被视为小型开放经济体宏观经济波动的重要原因之一，特别是对那些以出口初级产品为主的发展中国家来说，这一点体现得尤为明显（Mendosa，1995）。因此，深刻理解价格贸易条件冲击的传导途径与扩散机制，对发展中国家规避国际市场价格波动风险、设计和执行国内宏观经济调控政策具有重要意义。

在众多宏观经济变量中，价格贸易条件与经常账户之间的影响关系备受关注。哈伯格（Harberger，1950）、劳尔森和梅茨勒（Laursen，Metzler，1950）率先在边际消费倾向小于1和投资规模不变等一系列假设下，运用单一产品、凯恩斯开放经济模型对二者之间的交互影响进行了经典描述，提出了著名的哈伯格—劳尔森—梅茨勒（Harberger - Laursen - Metzler）效应（简称"HLM效应"）：即价格贸易条件恶化，将导致国民实际收入和储蓄减少，最终导致经常账户赤字；相反，如果价格贸易条件改善，将增加国民实际收入和储蓄，经常账户则会出现盈余。HLM效应提出后，学术界对其合理性和存在性的探讨一直延续至今。

从目前的理论研究现状来看，绝对HLM效应的支持者较少，大多数文献支持条件HLM效应，即HLM效应成立是有条件的。代表性的研究有：奥伯斯法尔德（Obstfeld，1982）发现，暂时性的（短期的）价格贸易条件恶化或改善会导致经常项目出现赤字和盈余，持续的（长期的）价格贸易条件恶化，会被经济个体预期到，理性的经济个体会增加储蓄来改善经常项目收支，所以HLM效应只在短期内存在，长期内则不存在。森和图尔诺夫斯泰（Sen，Turnovsky，1989）认为，价格贸易条件对经常账户的影响主要取决于长期中投资对价格贸易条件波动的反应。约瑟夫（Joseph，2005）在非贸易部门存在不完全竞争和名义价格刚性的小型开放经济体环境下考察了HLM效应。结果表明：由于贸易品消费的增加幅度小于价格贸易条件冲击程度，所以暂时性的价格贸易条件改善导致经常账户盈余，然而，持久性价格贸易条件冲击对经常账户动态的影响效应却依赖于同期和跨期消费替代弹性，当价格完全灵活时，持久性价格贸易条件冲击对经常账户动态没有任何影响。陈虹如（Hung – Ju Chen，2006）将商品分为进口商品、出口商品与非贸易商品三种类型，在代际交叠模型框架下检验了HLM效应，结果发现HLM效应的存在性与价格贸易条件冲击的持续性无关。艾彻（Eicher，2008）发现，本国是净债权国还是净债务国对于价格贸易条件和经常账户之间的影响关系至关重要。朱军（2013）运用贴现偏好理论研究发现，价格贸易条件恶化将会导致经常账户盈余，在价格贸易条件恶化阶段，政府财政运转效率的提升能"加速"经常账户的重新平衡进程。

与理论研究多样性相类似，HLM效应的实证检验结论也不尽相同。塞拉赫丁（Selahattin，2000）研究表明，1973～1996年美国价格贸易条件的暂时性冲击显著影响经常账户动态。卡欣和麦克德莫特（Cashin，McDermott，2002）的研究结论是，澳大利亚和新西兰两个国家的价格贸易条件冲击对经常账户动态影响显著，而在英国、加拿大和美国等发达国家并未发现 HLM 效应的存在。奥托（Otto，2003）使用 SVAR 模型检验发现，HLM 效应在所研究考察的由 40 个发展中国家和 15 个发达国家构成的样本内都存在，并且发展中国家 HLM 效应的显著性要高于发达国家。布瓦凯斯和卡诺（Bouakez，Kano，2008）在 PVM 模型中引入了价格贸易条件变量，对澳大利亚、加拿大和英国的研究显示只有英国的数据支持 HLM 效应，澳大利亚、加拿大两个国家的数据不支持 HLM 效应。米斯兹塔尔（Misztal，2010）对波兰的研究结论是存在显著的 HLM 效应，并且暂时性的价格贸易条件的变动对经常账户的影响要大于永久性价格贸易条件的变动对经常账户的影响。卞学字、范爱军（2012）使用 PVM 模型得出了中国存在 HLM 效应，但 HLM 效应具有显著非线性特征的研究结论。陆前进等（2014）研究表明，价格贸易条件的变动对经常项目和出口品产出变动的影响是相同的，价格贸易条件与经常账户同向变化，HLM 效应在中国长期存在。周亚军（2015）认为，价格贸易条件变动是中国经常项目波动的重要影响因素之一，改善价格贸易条件是拉动中国经济增长和调节国际收支的有效途径。

　　不难看出，HLM 效应在理论研究和实证检验两方面均存在较大分歧。因此，有必要从新的视角重新审视价格贸易条件冲击与经常账户动态之间的影响关系。本章的主要贡献是，使用 B－N 分解方法对中国价格贸易条件序列的持久性成分和暂时性成分进行了动态分离，并在边界检验、ARDL 模型和 VAR 模型框架下，考察了持久性成分和暂时性成分对经常账户的作用方向、影响强度和冲击动态。研究结论显示：持久性成分与经常账户正相关，暂时性成分与经常账户负相关。持久性成分对经常账户的影响强度明显大于暂时性成分，持久性冲击对经常账户的影响具有时滞性，经常账户对持久性冲击的反应更为敏感、记忆时间更长。这意味着，从长期来看中国存在 HLM 效应，政府在处理经常账户与价格贸易条件之间的动态影响关系时，要加强对价格贸易条件持久性趋势变化的研判和预测，在政策干预力度考量和时机选择上要充分考虑持久性成分对经常账户的影响强度、时滞效应以及经常账户对持久性冲击的记忆强度。本章共包括三个部分：第一部分对中国价格贸易条件序列进行了 B－N 分解。第二部分使用边界检验方法、ARDL 模型和 VAR 模型考察了价格贸易条件不同成分对经常账户的动态影响。第三部分是本章小结。

9.1　中国价格贸易条件持久性成分与暂时性成分动态分解

9.1.1　数据来源与统计描述

本章使用的中国价格贸易条件数据来自世界银行 World Bank 网站的 World Development Indicators （WDI） 数据库。样本范围为 1980～2013 年，共 34 个年度观测数据，所有数据均以 2000 年为 100 进行了调整。图 9－1 给出了中国价格贸易条件动态轨迹。

从图 9－1 中不难看出，中国价格贸易条件动态轨迹具有两个特点：一是总体运行状态下行趋势明显。整个样本区间内仅 1987～1998 年出现过震荡改善，其他时间内均持续恶化。二是整体波动幅度较大，价格贸易条件最大值约为 120 （出现在 1981 年），最小值约为 70 （出现在 2011 年），波动幅度约为 40%。在两个恶化区间内 （1980～1986 年，1999～2013 年），价格贸易条件波动幅度均接近 30%，在改善区间内 （1987～1998 年），价格贸易条件波动幅度约为 14%。改善区间与恶化区间相比，价格贸易条件变动的黏性程度存在着显著的非对称性。

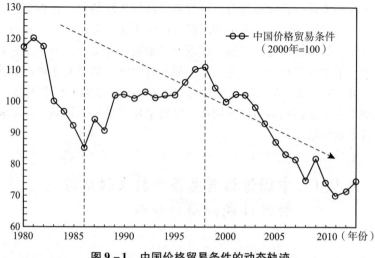

图9-1　中国价格贸易条件的动态轨迹

9.1.2　B-N 分解方法与结果分析

B-N 分解（Beveridge，Nelson，1981）的基本原理是，任何一个 I(1) 时间序列都可以分解为持久性成分和暂时性成分之和。其中，持久性成分是一个具有漂移的随机游走过程，即持久性成分中含有确定性趋势和随机趋势。而暂时性成分是一个零均值平稳过程，即"周期性"成分。一般来讲，持久性成分代表实际冲击，暂时性成分代表名义冲击。令 Tot_t 表示中国价格贸易条件，则 Tot_t 序列的 B-N 分解模型如下：

$$Tot_t = Per_t + Tra_t \qquad (9-1)$$

$$Per_t = Dtrend_t + Strend_t = Tot_t + \frac{\phi}{1-\phi}(\Delta Tot_t - \mu) \qquad (9-2)$$

$$Tra_t = -\frac{\phi}{1-\phi}(\Delta Tot_t - \mu) \qquad (9-3)$$

其中，Per_t 代表价格贸易条件持久性成分，Tra_t 代表暂时性成分，$Dtrend_t$ 代表持久性成分中的确定性趋势，$Strend_t$ 代表随机趋势，$\Delta Tot_t = Tot_t - Tot_{t-1}$，参数 μ 是一阶差分过程 ΔTot_t 的长期均值，即：

$$\Delta Tot_t = \mu + \varepsilon_t + \sum_{i=1}^{\infty} \lambda_i \varepsilon_{t-i} \qquad (9-4)$$

参数 ϕ 是序列（$\Delta Tot_t - \mu$）的一阶自回归项的系数，即：

$$(\Delta Tot_t - \mu) = \phi(\Delta Tot_{t-1} - \mu) + \varepsilon_t \qquad (9-5)$$

式（9-4）和式（9-5）中 $\varepsilon \sim i.i.d. N(0, \sigma^2)$。

在进行 B-N 分解之前，首先对 Tot_t 序列的平稳性进行了检验，结果如表 9-1 所示。可以看出，在 1% 的显著水平下，ADF 和 PP 的检验结果均显示 Tot_t 序列是非平稳的，而 ΔTot_t 序列则是平稳的，这说明 Tot_t 是典型的 I(1) 序列，完全满足 B-N 分解对序列平稳条件及平稳阶数的要求。

表 9-1　　　中国价格贸易条件序列平稳性检验结果

序列	检验方法				结论
	ADF		PP		
	统计量值	P 值	统计量值	P 值	
Tot_t	-1.238	0.646	-1.352	0.593	非平稳
ΔTot_t	-5.547***	0.000	-5.564***	0.000	平稳

注：*** 代表在 1% 的显著水平下显著。

图 9-2 给出了中国价格贸易条件序列的 B-N 分解结果。左纵轴代表持久性成分坐标，右纵轴代表暂时性成分坐标。从总体来看，包含确定性趋势和随机趋势的持久性成分在决定中国价格贸易条件恶化走势过程中起主要作用，而具有周期变化特征的暂时性成分对价格贸易条件变动的影响并不明显。

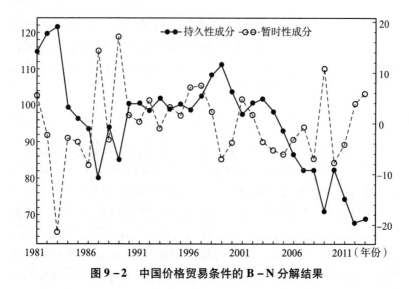

图 9-2　中国价格贸易条件的 B-N 分解结果

9.2　价格贸易条件持久性成分与暂时性成分对经常账户的动态影响

9.2.1　变量选择与平稳性检验

除了价格贸易条件持久性成分和暂时性成分之外，我们还选择了经济增长率（$Rgdp_t$）和经常账户（Ca_t）两个变量。其中，Ca_t变量定义为经常账户余额与国内生产总值之比，所有变量的样本区间为 1980～2013 年。$Rgdp_t$、Ca_t 数据由 World Bank 网站的 World Development Indicators（WDI）数据库和国家外汇管理局网站中关联指标计算得出。表 9-2 给出了相关变量的平稳性检验结果。

表 9 - 2   序列平稳性检验结果

序列	检验方法				结论
	ADF		PP		
	统计量值	P 值	统计量值	P 值	
Per_t	− 1. 383	0. 577	− 1. 221	0. 653	非平稳
ΔPer_t	− 7. 299 ***	0. 000	− 7. 225 ***	0. 000	平稳
Tra_t	− 5. 547 ***	0. 000	− 5. 564 ***	0. 000	平稳
$Rgdp_t$	− 3. 517 **	0. 013	− 2. 708 **	0. 083	平稳
Ca_t	− 2. 245	0. 194	− 2. 340	0. 166	非平稳
ΔCa_t	− 5. 309 ***	0. 000	− 5. 776 ***	0. 000	平稳

注：*** 、** 分别代表在 1%、5% 的显著水平下显著，Tot_t 的平稳性检验结论见表 9 - 1。

表 9 - 2 的检验结果显示，价格贸易条件持久性成分（Per_t）和经常账户（Ca_t）两个变量服从 I(1) 过程，而价格贸易条件暂时性成分（Tra_t）和经济增长率（$Rgdp_t$）两个变量服从 I(0) 过程。

9.2.2 影响关系检验

由于所考察的变量序列具有不同的单整阶数，所以经典的协整检验方法失灵，本章采用佩萨林、夏因和史密斯（Pesaran，Shin & Smith，2001）提出的边界检验方法来考察价格贸易条件持久性成分和暂时性成分与经常账户之间是否存在长期影响关系。

一、边界检验（Bounds Test）方法

佩萨林、夏因和史密斯（Pesaran，Shin & Smith，2001）提出的边界检验方法旨在解决当 I(0) 和 I(1) 序列同时存在时，如何检验变量之间是否存在长期关系。该方法相当于对一个广义 Dicky - Fuller 回归方程系数作 Wald 或 F 检验，模型的具体形式如下：

令 $Z_t = (Y_t, X_t)$ 是 $(1+k)$ 维随机向量，Y_t 是被解释变量，X_t 是 k 维解释变量向量。Z_t 向量中，各变量序列可以是不同阶单整的，即各变量序列既可以是 $I(0)$，也可以是 $I(1)$，还可以是 $I(0)$ 和 $I(1)$ 的混合。考虑如下误差修正模型：

$$\Delta Z_t = \alpha + \prod Z_{t-1} + \sum_{i=1}^{p} \Gamma_i \Delta Z_{t-i} + \varepsilon_t \qquad (9-6)$$

其中，α 是 $(1+k)$ 维向量，$\prod$ 和 Γ_i 是 $(1+k) \times (1+k)$ 系数矩阵，ε_t 是扰动向量，$\varepsilon_t \sim IN(0, \Omega)$，$\Omega$ 是 $(1+k) \times (1+k)$ 正定矩阵。令 $\varepsilon_t = (\varepsilon_{yt}, \varepsilon_{xt})$，则我们可求出：

$$\Delta Y_t = \alpha_1 + \delta Z_{t-1} + \sum_{i=1}^{p} \gamma_i \Delta Z_{t-i} + \beta \Delta X_t + \varepsilon_{yt} \qquad (9-7)$$

$$\Delta X_t = \alpha_2 + \pi X_{t-1} + \sum_{i=1}^{p} \Psi_i \Delta Z_{t-i} + \varepsilon_{xt} \qquad (9-8)$$

这里，α_1 是常数，α_2 是常数向量，δ 是 $(1+k)$ 维行向量，π 是 $k \times k$ 系数矩阵，Ψ_i 和 γ_i 是 $(1+k) \times (1+k)$ 系数矩阵。由式 $(9-7)$ 和式 $(9-8)$ 可知，当向量 $\delta \neq 0$ 时，X 对 Y 有影响，而 Y 对 X 没有影响。在 ε_{yt} 和 ε_{xt} 相互独立的条件下，式 $(9-7)$ 可以由 OLS 方法来估计。我们关注的焦点在于，对系数向量 δ 是否为零进行 Wald 或 F 检验。佩萨林、夏因和史密斯（Pesaran, Shin & Smith, 2001）证明，在原假设（$\delta = 0$）成立的情形下，Wald 或 F 检验统计量的渐近分布为非标准分布，并采用蒙特卡洛方法模拟给出了双边临界值，上限临界值为序列全为 $I(0)$ 时计算出的，下限临界值为序列全为 $I(1)$ 时计算出的。如果式 $(9-7)$ 中 Wald 或 F 检验统计量的值小于下限临界值，则接受原假设，表明变量序列之间不存在长期影响关系；如果式 $(9-7)$ 中 Wald 或 F 检验统计量的值大于上限临界值，则拒绝原假设，认为变量序列之间存在长期关系；如果式 $(9-7)$ 中 Wald 或 F 检验统计量的值落在两个临界值中间，则无法判断序列间是否存在长期关系。

一个含有经常账户、价格贸易条件持久性成分、暂时性成分和经济增长率的边界检验模型如下：

$$\Delta Ca_t = \mu + \delta_1 Ca_{t-1} + \delta_2 Per_{t-1} + \delta_3 Tra_{t-1} + \delta_4 Rgdp_{t-1}$$
$$+ \sum_{i=1}^{p} \gamma_{1i} \Delta Ca_{t-i} + \sum_{i=0}^{p} \gamma_{2i} \Delta Per_{t-i} + \sum_{i=0}^{p} \gamma_{3i} \Delta Tar_{t-i}$$
$$+ \sum_{i=0}^{p} \gamma_{4i} \Delta Rgdp_{t-i} + \varepsilon_t \qquad (9-9)$$

其中，μ 是常数，p 为滞后阶数，δ 和 γ 为待估参数，ε_t 为零均值正态随机扰动变量。边界检验的重点在于，对一阶滞后项系数 δ_1、δ_2、δ_3、δ_4 是否同时为零进行 F 检验。

二、边界检验结果分析

表 9-3 给出了边界检验结果。很明显，在模型（9-9）滞后一阶和二阶的情形下，F-统计量值依次为 4.826 和 4.385，分别在 2.5% 和 5% 的显著水平下大于边界检验上限临界值 4.49 和 4.01。这表明，经常账户与价格贸易条件持久性成分、暂时性成分和经济增长率等变量之间存在显著的长期影响关系。

表 9-3　　　　　　　　　　　　边界检验结果

滞后阶数	F-统计量	F-统计量的临界区间			
		90%	95%	97.5%	99%
1	4.826	(2.45, 3.52)	(2.86, 4.01)	(3.25, 4.49)	(3.74, 5.06)
2	4.385				

注：括号中 F-统计量的临界区间来源于 Pesaran，Shin & Smmith（2001）发表的论文 "Bounds Testing Approaches to the Analysis of Level Relationships"。

9.2.3 影响强度估计

在边界检验结果显示存在显著长期影响关系的基础上，进一步使用 ARDL 模型来估计价格贸易条件持久性成分和暂时性成分对经常账户的边际影响强度。与边界检验相类似，ARDL 模型也允许所考察的变量序列是混合单整的。

一、ARDL 模型方法

ARDL 模型的具体形式为：

$$Y_t = \alpha_1 + \sum_{i=1}^{p} \phi_i Y_{t-i} + \sum_{j=1}^{q} \gamma_j \Delta X_{t-j} + \beta X_t + \mu_t \quad (9-10)$$

其中，Y_t 是被解释变量，X_t 是 k 维解释变量向量。构成 Y_t 和 X_t 的各变量序列可以是 I(0)，也可以是 I(1)，还可以是 I(0) 和 I(1) 的混合。参数向量 β 代表解释变量向量 X 对被解释变量 Y 的长期边际影响。佩萨林和夏因（Pesaran，Shin，1999）指出，当 X 向量中含有 K 个回归元，模型最大滞后阶数为 q 时，我们需要估计 $(K+1)^q$ 个方程，最后可通过模型选择标准 SBC（Schwarz Bayesian Criterion）来确定一个最优的方程。

一个含有经常账户、价格贸易条件持久性成分、暂时性成分和经济增长率的 ARDL 模型如下：

$$Ca_t = \alpha + \beta_1 Per_t + \beta_2 Tra_t + \beta_3 Rgdp_t + \sum_{i=1}^{p} \phi_i Ca_{t-i}$$
$$+ \sum_{j=0}^{k} \theta_{1j} \Delta Per_{t-j} + \sum_{j=0}^{r} \theta_{2j} \Delta Tar_{t-j} + \sum_{j=0}^{w} \theta_{3j} \Delta Rgdp_{t-j} + \upsilon_t$$
$$(9-11)$$

式（9-11）中，参数 β_i 和 θ_{1j}、θ_{2j}、θ_{3j} 度量了解释变量的水平值和差分项对被解释变量的边际影响大小。

二、ARDL 模型估计结果

表 9-4 给出了基于 ARDL 模型得到的价格贸易条件持久性成分、暂时性成分和经济增长率对经常账户的边际影响系数估计值。从水平值的估计结果来看，价格贸易条件持久性成分和暂时性成分对经常账户的作用效果显著，但作用方向相反。持久性成分恶化

（或改善）一个单位将导致经常账户赤字（或盈余）0.363 个单位，暂时性成分恶化（或改善）一个单位将导致经常账户改善（或恶化）0.105 个单位。持久性成分对经常账户的正向影响效果明显大于暂时性成分对经常账户的负向影响效果。从差分项看，这种影响差距更大，持久性成分对经常账户正向边际影响值为 0.437，而暂时性成分对经常账户的负向边际影响值仅为 -0.074。价格贸易条件持久性成分与经常账户之间正相关关系意味着，长期内中国存在 HLM 效应。同时，需要特别注意的是，无论是水平值还是差分项，经济增长率对经常账户的正向影响强度都大于持久性成分对经常账户的影响。

表 9 - 4　　　　　　　ARDL 模型估计结果

水平项回归结果				
变量名称	α	β_1	β_2	β_3
估计结果	0.031 **	0.363 **	- 0.105 *	0.532 **
滞后项与差分项回归结果				
变量名称	ϕ_1	θ_{10}	θ_{11}	θ_{20}	θ_{30}
估计结果	0.239 **	0.437 **	0.144 *	- 0.074 *	0.692 ***
估计诊断结果				
R^2	0.814	$\overline{R}^2$	0.807	SBC	109.371

注：模型的滞后阶数设定为（1，1，0，0），选择标准为 SBC（Schwarz Bayesian Criterion）。表中 *** 、** 、* 分别代表在 1%、5% 和 10% 的显著性水平下显著。

9.2.4　影响动态分析

除了检验长期影响关系和估计边际影响强度之外，我们还构建了如下二阶 VAR 模型来考察价格贸易条件持久性成分和暂时性成分对经常账户的冲击动态。

$$
\begin{bmatrix} \Delta Ca_t \\ \Delta Per_t \\ Tra_t \\ Rgdp_t \end{bmatrix} = \begin{bmatrix} u_1 \\ u_2 \\ u_3 \\ u_4 \end{bmatrix} + \Gamma_1 \begin{bmatrix} \Delta Ca_{t-1} \\ \Delta Per_{t-1} \\ Tra_{t-1} \\ Rgdp_{t-1} \end{bmatrix} + \Gamma_2 \begin{bmatrix} \Delta Ca_{t-2} \\ \Delta Per_{t-2} \\ Tra_{t-2} \\ Rgdp_{t-2} \end{bmatrix} + \begin{bmatrix} \varepsilon_{1t} \\ \varepsilon_{2t} \\ \varepsilon_{3t} \\ \varepsilon_{t4} \end{bmatrix}
$$

$$(9-12)$$

式（9-12）中，Γ_i 为 4×4 阶系数矩阵，VAR(2) 模型的滞后阶数选择标准依赖于 AIC 和 SIC 准则，式（9-12）简化 AR 模型的特征多项式根的倒数均在单位圆之内，说明 VAR(2) 模型的稳定性良好。

图 9-3（a）~ 图 9-3（c）基于脉冲响应函数描绘了经常账户对价格贸易条件持久性冲击、暂时性冲击和经济增长率冲击的动态反应曲线。

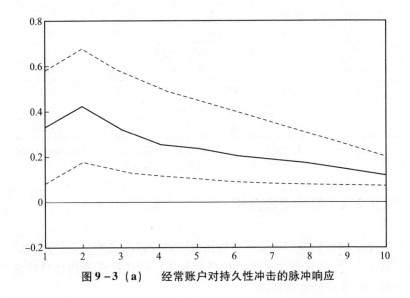

图 9-3（a）　　经常账户对持久性冲击的脉冲响应

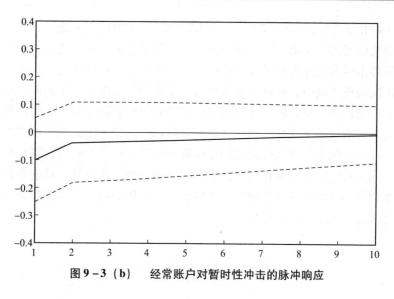

图9-3（b） 经常账户对暂时性冲击的脉冲响应

图9-3（c） 经常账户对经济增长率冲击的脉冲响应

图9-3（a）和图9-3（c）显示：经常账户对一个标准差的

正向持久性冲击和经济增长率冲击的动态反应曲线大体相同。两个曲线轨迹都是在第二期达到峰值，然后开始逐期衰减收敛，但持久性冲击的衰减速度和强度要略快于和高于经济增长率冲击。上述冲击反应模式说明，价格贸易条件持久冲击和经济增长率冲击对经常账户的影响是正向的，并具有明显的时滞效应和持续效应，经济增长率冲击与持久性冲击相比可能会更深远、更持久。而经常账户对一标准差的正向暂时性冲击的反应则相对平缓得多，曲线轨迹在第二期出现短暂明显变化后，在第三期开始迅速向零衰减，这表明价格贸易条件暂时性冲击对经常账户的影响是短期的，经常账户对暂时性冲击几乎没有记忆性。

9.3 本章小结

价格贸易条件与经常账户之间的动态影响关系，长期争鸣不断、争论不休。为了获得更新的经验证据，本章使用 B－N 分解方法对中国 1980～2013 年价格贸易条件序列进行了动态分解，从中分离出持久性成分和暂时性成分，然后在边界检验、ARDL 模型和 VAR 模型框架下考察了两种不同成分对经常账户的作用方向、影响强度和冲击动态。研究得出三点结论：其一，价格贸易条件持久性成分与暂时性成分对经常账户的影响显著，但作用方向相反，持久性成分与经常账户正相关，暂时性成分与经常账户负相关。其二，持久性成分对经常账户的影响明显大于暂时性成分对经常账户的影响，前者的影响强度为 0.363，后者的影响强度为 －0.105。其三，经常账户对价格贸易条件持久性冲击和暂时性冲击的动态反应模式存在显著差异，持久性冲击对经常账户的影响具有时滞效应，在面临同样一个标准差的正向冲击后，经常账户对持久性冲击的反应更为敏感、记忆时间更长。

上述研究结论意味着，从长期来看中国存在 HLM 效应。相关政府部门在调节贸易收支平衡时，不仅要关注人民币汇率，更要注意中国价格贸易条件的长期走势。要从更深层次来把握和处理经常账户与价格贸易条件之间的动态影响关系。一方面，对暂时性（短期）价格贸易条件波动不要过于敏感。相反，要加强对价格贸易条件持久性（长期）趋势变化的预测，尤其是要加强对由价格贸易条件长期趋势变动所引致的总供给和总需求变化以及经济主体收入、储蓄水平变化的研判。另一方面，在政策干预的力度设置上，要充分考量价格贸易条件持久性成分对经常账户的影响强度以及经常账户对持久性冲击的记忆强度。在政策干预的时机选择上，要充分考虑到持久性冲击对经常账户影响的时滞效应，这样才能在制定对外贸易政策和管控贸易收支平衡过程中掌握更多的主动性。

第 *10* 章

主要结论及政策建议

本章主要包括两部分：第一部分全面总结了本书得到的主要结论，第二部分就如何干预和管理价格贸易条件冲击，降低其对宏观经济系统的影响给出了相应政策建议。

10.1 主要结论

本书从理论和实证两个层面对中国价格贸易条件冲击传导机制问题进行了研究，主要得到了四点结论：

第一，从长期来看，中国价格贸易条件呈现恶化趋势。在整个研究样本内，中国价格贸易条件的均值变化过程可以大体划分为三个阶段：第一阶段是从 1980～1986 年，该阶段为持续重度恶化阶段；第二阶段是从 1987～1998 年，该阶段价格贸易条件呈现震荡改善态势；第三阶段是从 1999～2013 年，该阶段的价格贸易条件走势表现为震荡重度恶化。

来自波动性变化趋势的经验研究显示：综合来看，中国价格贸易条件整体波动性的变化轨迹以 1990 年为分界点，呈现"V"字型结构。在"V"字的左侧（1980 ~ 1990 年），下降的坡度相对陡峭，这说明价格贸易条件波动性下降较快；而在"V"字的右侧（1990 ~ 2013 年），上升的坡度相对平缓，这表明价格贸易条件波动性在缓慢增强。

第二，中国价格贸易条件冲击中值无偏半衰期结果是 11.60 年，具有较强的持续性，属于长期冲击。这与中国价格贸易条件的时序变化呈现缓慢的均值恢复特征基本吻合。同时，我们还发现，基于最小二乘估计方法得到的迪基—富勒回归方程中的参数确实存在被低估的现象。与中值无偏估计结果相比，最小二乘估计结果被低估了 12.8%。可见，中值无偏估计技术对最小二乘估计的修正作用相当明显。

这一研究结论对后危机时代中国管理和干预价格贸易条件冲击，具有重要的政策启示意义。价格贸易条件冲击是长期的研究结论表明，中国不应过多地使用调整国内储蓄或者是调整国际借贷规模等宏观经济政策来平滑价格贸易条件冲击对宏观经济造成的影响。

第三，价格贸易条件均值水平及其波动性对中国经济增长具有正向影响。其中，价格贸易条件对人均实际 GDP 增长具有正向影响的研究结论与布拉特曼（Blattman，2003）、韦廉臣（Williamson，2003）的研究结论相一致。但价格贸易条件波动性对人均实际 GDP 增长也具有正向影响的研究结论却与格赖姆斯（Grimes，2006）和布拉特曼（Blattman，2004）的研究结论有所不同。

对此，我们基于门多撒（Mendoza，1997）提出的理论给予解释。门多撒（Mendoza，1997）认为，与价格贸易条件均值水平一样，价格贸易条件的波动也同样会影响储蓄率和经济增长，但其效应可正可负，这主要取决于一国的风险厌恶程度。如果风险厌恶程度低，增长的贸易条件波动会降低增长。如果风险厌恶程度高，那么，增长的价格贸易条件波动依然会导致较快的经济增长。有研究表明，改革开放至今，受传统计划经济思维等诸多因素影响，中国无论是投资者还是消费者都表现出较强的风险厌恶特征。正是由于这种较强的风险厌恶特征的存在，使得价格贸易条件波动性对中国经济增长具有正向影响。

第四，不同成分的价格贸易条件冲击，对中国经常账户的动态影响效应存在显著差异。我们使用 B－N 分解方法对中国 1980～2013 年价格贸易条件序列进行了动态分解，从中分离出持久性成分和暂时性成分，然后，在边界检验、ARDL 模型和 VAR 模型框架下考察了两种不同成分对经常账户的作用方向、影响强度和冲击动态。结果发现：其一，价格贸易条件持久性成分与暂时性成分对经常账户的影响显著，但作用方向相反，持久性成分与经常账户正相关，暂时性成分与经常账户负相关。其二，持久性成分对经常账户的影响明显大于暂时性成分对经常账户的影响，前者的影响强度为 0.363，后者的影响强度为 －0.105。其三，经常账户对价格贸易条件持久性冲击和暂时性冲击的动态反应模式存在显著差异，持久性冲击对经常账户的影响具有时滞效应，在面临同样一个标准差的正向冲击后，经常账户对持久性冲击的反应更为敏感、记忆时间更长。

上述研究结论意味着，从长期来看中国存在 HLM 效应。相关政府部门在调节贸易收支平衡时，不仅要关注人民币汇率，更要注意中国价格贸易条件的长期走势。要从更深层次来把握和处理经常账户与价格贸易条件之间的动态影响关系。一方面，对暂时性（短期）价格贸易条件波动不要过于敏感。相反，要加强对价格贸易条件持久性（长期）趋势变化的预测，尤其是要加强对由价格贸易条件长期趋势变动所引致的总供给和总需求变化以及经济主体收入、储蓄水平变化的研判。另一方面，在政策干预的力度设置上要充分考量价格贸易条件持久性成分对经常账户的影响强度以及经常账户对持久性冲击的记忆强度。在政策干预的时机选择上，要充分考虑持久性冲击对经常账户影响的时滞效应，这样才能在制定对外贸易政策和管控贸易收支平衡过程中掌握更多的主动性。

10.2 政策建议

中国价格贸易条件的恶化趋势和波动特征，是进口价格指数上升、出口价格指数下降、产业结构低端、贸易模式落后等因素综合作用的结果。尽管我们的研究结论支持适度温和的价格贸易条件波动有助于经济增长。但不可否认的是，大的价格贸易条件波动和持续负向的价格贸易条件冲击，仍会对中国经济的持续、快速、健康发展产生不利影响。为此，制定相关政策措施，干预和管理价格贸易条件过度波动和持续恶化，对新常态背景下中国经济实现平稳发展具有重要意义。

一、争取全球治理体系话语权

规则的被动，是导致大多数新兴大国难以涉足国际一线地位的根本原因。历史的原因导致中国在多边贸易体制的规则制定中错失良机，受制于人。历史已不能更改，但时代可以创造新机。以美国、欧盟为首的发达经济体企图通过新一轮的自贸区建设，重建国际规则与秩序，这对大多数发展中国家带来了极大地冲击与挑战，但与此同时，中国也应该将此视为打破陈规旧矩的契机。面对新一轮区域经济一体化浪潮，尤其是带有规则重建意义的新一轮自贸区浪潮，中国作为世界第二大经济体，作为最大的发展中国家，应该承担历史赋予的新兴大国地位，充分发挥大国的引领作用，以大国姿态积极参与发达国家的规则体系建设，以全局意识帮助发展中国家迎头赶上，本着和平友好的精神与建设性的心态主动参与国际事务的处理，让世界听到包括中国在内的更多发展中国家的声音与诉求，坚持在国际政治经济体系中有所为，并有所作为。

二、增强进口商品的议价能力

在中国的外贸发展战略中，加工贸易长期占主导地位。加工贸易占主导意味着中国的外贸规模越大，对石油、铁矿石等原材料以及其他中间投入品的需求也就越大。然而，石油、铁矿石等原材料价格弹性较低，受国际政治和经济环境的影响大，具有较高的卖方垄断性质，商品供应国的价格控制能力较强。绝大部分中间投入品市场也由于存在技术壁垒导致买卖双方信息不对称，中间投入品出口方拥有对产品的完全信息，而中国作为进口方却因信息的不对称处于被动地位，完全丧失议价能力。这最终导致中国进口价格指数趋于上扬，价格贸易条件恶化。

在这种背景之下，中国在未来的贸易发展战略中，要采取措施提升自己的进口贸易议价能力。首先，密切关注国际原材料市场发展动态，对特别重要的战略性原材料，例如，石油等，要建立国家储备机制，减少国际原材料市场价格剧烈波动带来的价格贸易条件冲击；其次，中国是贸易大国，对于那些进口量占国际市场较大份额的商品，中国进口量的变化将会对国际价格变化起到较大的影响作用。因此，中国要积极参与全球多边贸易体系，更好地发挥贸易大国作用，采取有计划进口等手段，打破垄断，提升中国进口原材料和中间投入品的议价能力，降低进口价格上涨带来的损失，引导进口价格向有利于中国价格贸易条件改善的方向发展。

三、培育对外贸易新型竞争力

要积极培育以技术、品牌、质量和服务为核心优势的对外贸易新型竞争力，推动全要素使用由粗放型向集约型发展，进一步提升全要素使用效率，尽早实现全要素由"量"的扩展到"质"的提升的转变。

（一）提升出口产品技术含量

加快运用现代技术升级改造传统外贸产业，提升传统劳动密集型外贸产品质量、档次和技术含量，通过收购、兼并和重组等形式整合资源，推动传统外贸产业向中高端迈进。努力构建以企业为主体、市场为导向、产学研贸相结合的技术创新体系。加大科技创新投入，支持企业自主创新。鼓励企业以进口、境外并购、国际招标、招才引智等方式引进先进技术，促进消化吸收再创新。支持国内企业通过自建、合资、合作等方式设立海外研发中心。吸引跨国公司和境外科研机构在中国设立研发机构。支持企业、行业组织参与国际标准制定，大力推动中国标准国际化，支持通信等领域的技术标准在海外推广应用。

（二）加快培育外贸品牌

研究建立出口品牌统计制度，引导企业加强品牌建设。推动有条件的地区、行业和企业建立品牌推广中心，推介拥有核心技术的品牌产品。鼓励企业创立品牌，鼓励有实力的企业收购品牌，大力培育区域性、行业性品牌。支持企业开展商标和专利的国外注册保护，开展海外维权。采取多种方式，加大中国品牌海外推介力度。

（三）提高出口产品质量

积极采用国际先进质量标准，建立国际认可的产品检测和认证体系，鼓励企业按照国际标准组织生产和质量检验。推动出口产品质量安全示范区建设。加快推进与重点出口市场检验体系和证书互认。加强重要产品追溯体系建设，完善产品质量安全风险预警与快速反应机制，建立完善出口产品质量检测公共平台，支持出口企业开展质量管理体系认证。加强出口农产品质量提升工作，加大对外技术质量磋商谈判力度，稳定出口食品农产品质量安全水平。严厉打击出口侵犯知识产权和假冒伪劣商品违法行为。

（四）建立出口产品服务体系

鼓励企业将售后服务作为开拓国际市场的重要途径，提升服务质量，完善服务体系。鼓励企业有计划地针对不同市场、不同产品，采取与国外渠道商合作、自建等方式，建设服务保障支撑体系，完善售后服务标准，提高用户满意度。积极运用信息技术发展远程监测诊断、运营维护、技术支持等售后服务新业态。在境外建立电力、通信、轨道交通等大型成套设备的售后维修服务中心和备件生产基地，带动中国装备和服务出口。

四、提高自主创新能力

全面推进科技兴贸战略，落实科技兴贸的各项鼓励政策。最大限度地发挥科技进步对中国转变外贸发展方式的支撑和引领作用，构建以外贸企业为主体、国际市场需求为导向，产学研相结合的外贸科技创新体系。以特色产业基地、高新产业园区以及"大学科技城"为载体，依托骨干外贸企业、重大国际合作平台，组织实施一批外贸产业技术项目，形成一批特色鲜明、跻身全国乃至世界前列的涉外新兴产业集群和集聚区。结合国家重大科技专项的实施，突破一批外贸核心技术和关键共性技术，加快外贸企业专利成果转化率，尽快培育和扶持拥有核心技术、自主知识产权和自有品牌的创新型、科技型外贸企业。

优化整合科技资源，抢占外贸科技制高点。以机电产品、高新技术产品和战略性新兴产品为重点，在技术更新改造、出口产品研发、利用高新技术改造传统产业等方面加大扶持力度。加快信息化建设，广泛推行电子商务等贸易新方式。改善进口商品结构，扩大能源、原材料和先进技术、关键设备进口。

建立、健全先进技术转化与推广机制。打破企业、部门分割和技术封锁，改变中国企业、科研机构和高等院校分离，科研、生产和市场脱节的不利局面，进一步深化产学研合作，拉近技术主体和市场主体的距离。建立一批具有现代化水平的技术成果孵化器，促进先进科技成果与专业技术向生产力转化，提高新成果的产业转化率，充分发挥技术的辐射效应和溢出效应。

不断完善技术人才培养机制，全面实施人才培养战略。鼓励企业、科研机构和高等院校联合培养研发型人才，建立高水平研发人员的培训基地。依托公共研发平台，引进自主创新领军式人才。

大力发展以机电产品为主的资本密集型出口产业和新材料、医疗、生物、信息和电子等高新技术产业，以及装备制造业等战略性新兴产业。突破核心技术和关键领域，实现产业结构优化升级，使中国的出口商品结构实现由劳动密集型为主向由资本、知识和技术密集型为主转变，改善中国价格贸易条件恶化的局面。

五、转变对外贸易发展方式

首先，在继续保持中国劳动力成本廉价和自然资源禀赋优势的前提下，加快对传统产业进行升级改造，在金融支持、税收优惠、财政投入等方面培育和营造技术进步和自主创新的良好环境。加强协同创新体系建设，开发创新机制。支持企业建立创新研发中心，提升自主研发、创新能力，培育更多的自主品牌，提高品牌贡献力，走质量提升路径。尽快实现由主要出口粗加工、浅加工与低附加值产品向主要出口精加工、深加工与高附加值产品的转变，尽快实现比较优势向竞争优势的动态转换。

其次，全面完善与加工贸易相关的贸易、产业、税收和金融等政策制度，突破加工贸易向产业上游延伸的体制机制障碍。鼓励中国加工贸易企业与外资企业开展深度合作，引导外资企业把增加值含量大的加工制造环节转移到中国，增加加工的深度。最终实现中国加工贸易企业逐步从代加工向代设计、代开发、自创品牌等方向发展，不断促进加工贸易向技术密集型生产环节迈进，提升加工贸易产品的质量和技术层次。

最后，不断提高中国加工贸易企业的产业配套能力，支持加工贸易企业发展原材料工业和零部件加工业，减小对进口的依赖，避免中间产品高价进口给出口收益增长带来的损失。实现加工贸易完成从下游装配到中间产品需求，再到上游产业的延伸，促使加工贸易向纵深环节和价值链高端的攀升，进而从根本上长期改善中国的价格贸易条件水平。

六、实现出口市场多元化，分散贸易风险

要想在国际贸易中改善价格贸易条件，必须采取出口市场多元化战略。长期以来，中国的出口市场主要集中在美国、日本和欧盟。上述三者的贸易额约占中国对外贸易总额的50%。单一的出口市场结构与过度的出口依赖，助长了买方市场垄断行为。2008年，金融危机后，美国、日本等发达经济体持续低迷，造成对中国进口需求严重不足，不仅引致贸易摩擦频发，更导致中国价格贸易条件的持续恶化和剧烈波动。所以，中国要积极贯彻出口市场多元化战略，"不要把鸡蛋放到同一个篮子里"，通过深入的市场调研，研究需求偏好，采取签订自由贸易协定、建立自由贸易区等多种方式，开拓更多、更广的国际市场空间，拓展贸易渠道。

（一）巩固对发达国家的对外开放

合理稳定与欧美等发达国家之间的贸易规模，加大从欧美等发达国家的进口力度，促进对外贸易平衡发展。不断优化出口商品结构，提升中国外贸产品国际竞争力，扩大与欧美发达国家之间的服务贸易往来，早日实现中国与发达国家之间对外贸易由"大进大出"向"优进优出"转变。积极应对常态化和复杂化的国际贸易摩擦，营造稳定的外贸环境。

（二）拓展对新兴工业化经济体对外开放

中国与新兴工业化经济体之间既是竞争关系又是合作伙伴关系，整体来看，合作大于竞争。要尽快在联合国贸易和发展会议或者其他多边机构框架下，建立新兴经济体合作与发展组织，共同应对新全球化带来的经济、社会和政府治理等方面的挑战。削减关税壁垒，遏制保护主义，扩大市场开放度，加大服务业规制、食品安全规制、知识产权保护、政府采购、海关管理、竞争政策等领域的改革开放力度。进一步强化新兴工业化经济体间的金融合作，完善亚投行（AIIB）运行机制，争取在全球金融治理调整过程中获得更大的话语权。

（三）进一步密切与发展中国家的经贸往来

以"一带一路"战略为平台，密切与相关沿线发展中国家的经贸往来。在扩大对外贸易规模的基础上，重点在以下两方面深化合作：一是要加强基础设施建设合作。基础设施落后是制约发展中国家经济发展的主要"瓶颈"。中国目前处于基础设施建设的高峰期，具有显著的比较优势。同时，基础设施建设有利于中国重工业产品、工程与交通运输设备以及劳务的输出，对化解中国产能过剩、缓解就业压力和稳定出口具有重要意义。二是要加强经济特区和工业园区建设合作。发展中国家的改革阻力较大，全面改革面临很大的困难。在此背景下，一些发展中国家开始效仿中国经济特区的做法，在局部地区率先改革，从而有效吸引外资。中国应积极参与发展中国家的经济特区规划、开发和建设，在促进东道国经济发展的同时输出中国经验，提升中国软实力。

七、努力推进人民币的区域化和国际化发展

在经历了 1997 年和 2008 年两次"金融危机"冲击之后，人民币得到了周边国家和地区乃至国际社会的高度赞誉和广泛重视。从长远来看，随着中国经济实力的不断增强和对外开放程度的不断扩大，人民币有望成为区域化乃至国际货币，人民币区域化和国际化必将成为中国深化对外开放、参与全球治理的新方式，也是中国发挥大国影响力、承担国际责任的重要表现。

（一）推动人民币离岸金融中心建设

人民币离岸中心建设是扩大人民币跨境贸易结算规模的基础，也是在资本项目不可全面兑换背景下形成海外人民币市场的最佳突破口。中国香港地区不仅要进一步巩固离岸人民币中心地位，还要回应伦敦、新加坡等国际金融中心的积极性，针对各中心的优势推出相应的人民币产品，逐步将离岸市场布局到这些地区，建立以中国香港地区为总中心，其他金融中心为区域中心的人民币离岸市场体系，给人民币区域化和国际化助力。

（二）扩大人民币互换范围

货币互换是人民币未实现资本项下自由兑换条件下推进国际化的重要方式。如何扩大人民币在贸易领域的使用，进而促进人民币在金融市场的借贷和投资，由贸易和金融的相互促进推动人民币成为储备货币，是现阶段需要重点解决的问题。目前，中国对外贸易 60％ 以上在亚洲区域内进行，因此大力推动了人民币与周边国家和地区的货币互换。在优先扩大与周边国家和地区之间的人民币互换规模的同时，也要逐步扩大与发达国家和地区的互换规模。例如，积极探讨与美国签订"中美双方货币互换协议"的可能性。

（三）加强区域货币金融合作

历史经验表明，货币合作在货币国际化中的作用巨大。人民币在东亚地区具有进行贸易结算和金融投资的基础，但是要想推动人民币成为区域内真正的"锚货币"，摆脱美元本位，还需要推进区域货币金融合作。首先，中国应积极推动《清迈协议》向制度化方向发展，完善区域经济监控和政策对话机制，引入本国货币建立地区性货币基金，这将有助于人民币成为区域内主要的干预货币和储备货币；其次，要加快弥补区域金融市场和基础设施建设的短板，加快开发区域资本市场，增强本币在区域债券市场的作用，设计共同发行区域债券计划、公司债券发行计划，建立区域信用评级机构等；最后，配合贸易结算和香港离岸金融中心的建设，未来人民币就可能成为区域内重要的金融投资交易货币。

（四）重视并拓建跨境清算渠道

人民币跨境清算安排，不仅是人民币国际化目标实现的重要支柱，也是提升中国金融实力和保障金融安全的基础。在人民币清算行布局中，需要从国家利益和全局出发，进行前瞻性布局、统筹谋划。国际经验表明，美欧等发达经济体均重视战略性扶持一家银行发挥跨境清算主渠道作用。例如，摩根大通作为美国本土银行获得政府战略上的支持，在做大国际业务的基础上，成为 CHIPS 市场份额最大的银行。而在欧元跨境清算体系建设中，德意志银行发挥了较大作用。因此，在人民币区域化和国际化的初始阶段，扶持一家中资银行作为人民币清算行，有利于提升中国金融业在国际市场的竞争优势。

八、规范市场竞争环境，实现规模经济

进一步完善法律体系，规范外资法、外贸法、反补贴法、反垄断法和反倾销法等法律法规，以法律形式规范和约束外贸企业的市场行为。尽快建立"产权清晰、权责明确、政企分开、管理科学"的现代企业管理制度，确立外贸企业的市场主体地位，引导企业按照利润最大化原则从事对外贸易活动，彻底改变传统体制下外贸企业只关心数量、不重视质量的状况，最终实现对外贸易增长方式由粗放型向集约型的转变。

加大执法力度，制止外贸企业之间的不正当竞争行为，改变传统体制下外贸企业分散经营、过度竞争，压价倾销的局面。加快产业整合速度，提高行业集中度。以资产为纽带，以利益为目标，按照自愿互利的原则，鼓励有实力的外贸企业重组兼并，组建大型的企业集团，实现规模经济，把国内外贸企业间的竞争引导到规范有序的发展轨道上来。

坚决查处某些跨国公司的内部转移定价行为，为国内外资企业营造一个公平竞争的环境。从事加工贸易的一些跨国公司为了实现整体利益的最大化，经常采取高价进口中间品、原材料和机械设备，低价出口工业制成品的方式，在达到其减税、转移利润与逃避管制的目的的同时，严重影响了国内市场的公平竞争秩序，造成中国价格贸易条件的恶化。因此，培养一批精通专业司法知识的复合型管理人才，提升中国管理人员的知识层次与业务水平，加强对跨国公司的行政、司法监管力度，消除其内部转移定价策略对中国市场的扭曲和对中国价格贸易条件造成的不利影响。

九、加强行业协会建设

要从国家层面加强顶层设计，加大各类外贸行业协会的建设力度，进一步发挥其信息搜集的作用，为国内外企业提供及时的、充分的、准确的供求信息与行业咨询服务，帮助国内外贸企业及时调整外贸产品结构和产量，尽可能地避免由于信息不充分、不对称所带来的损失。此外，由于经营过度分散，经济规模偏小，行业自律性较差，为了争夺更大的国际市场份额，中国外贸企业在出口劳动密集型产品时存在竞相压价的行为，恶性竞争普遍存在，这不仅造成中国资源的过度消耗和人民福利水平的降低，还加剧了国际贸易摩擦。不仅如此，在原料进口方面，国内外贸企业也没有形成合力。在国际原料价格大幅攀升和国际能源争夺日趋激烈的背景下，中国外贸行业协会还应在协调行业竞争、联合国内外贸企业共同面对国际原料与国际能源供应商，增强国内外贸企业集体谈判能力方面发挥积极作用，为外贸行业整体谋求最有利的价格贸易条件。

十、完善关税政策和关税制度

进一步深化关税体制改革，优化关税结构，逐步取缔不合理的关税减免政策，特别是加工贸易的关税减免政策，积极引导加工贸易企业进驻保税区和出口加工贸易区，尽快实现加工贸易的转型升级。

实施整体产业关税优惠政策，创造公平竞争环境，搭建公平竞争平台。有步骤地缩减名义关税和实际关税间的差距，完善梯级关税结构，通过实施"蛇腹式"关税调整方案，分阶段、分层次地削减各部门、各产业的关税水平，尽量避免因关税造成的市场扭曲。此外，对中国幼稚产业，如电子、生物制品、高科技通信等，通过制定合理的关税结构对其进行保护，努力发展进口替代产业，以此实现产业结构和贸易结构的优化与升级，最终使中国的价格贸易条件得以改善。

参 考 文 献

［1］查贵勇. 中国外贸条件和实际汇率关系的实证分析. 国际贸易问题，2005（8）：94－97.

［2］陈虹. 影响我国贸易条件的因素分析及对策. 中国科技信息，2006（16）：303－305.

［3］陈立钢. 我国贸易条件的波动性对经济增长影响的实证研究. 赤峰学院学报（自然科学版），2009（2）：86－87.

［4］程敏，高凌云. 我国贸易条件的动态变化分析. 商业经济研究，2008（18）：30－31.

［5］崔津渡，李诚邦. 中国对外贸易条件：1995～2005 年状况分析. 国际经济合作，2006（4）：27－29.

［6］邓志新. 我国是否面临"贫困化增长"陷阱. 开放导报，2009（4）：90－95.

［7］董国辉. "贸易条件恶化论"的论争与发展. 南开经济研究，2001（3）：11－14.

［8］董国辉. 普雷维什命题：历史与现实. 拉丁美洲研究，2001（3）：52－56.

［9］方文，袁江. 转型之痛：从"溢出效应"到贸易条件恶化. 中国外汇管理，2004（7）：35－38.

［10］龚家友，钱学峰. 中国对外贸易贫困化增长的实证分析. 贵州财经学院学报，2003（4）：40－44.

［11］韩青. 中国的价格贸易条件恶化——基于影响因素的经验分析. 世界经济研究，2007（10）：9－14.

[12] 和睦. 发达国家与发展中国家贸易条件比较与实证分析. 新疆财经, 2006 (1)：65-68.

[13] 胡飞. 发展中国家贸易条件波动探析——基于相关文献的回顾. 石家庄经济学院学报, 2008 (12)：18-22.

[14] 华民. 中国贸易条件恶化的原因与应对的方法. 世界经济情况, 2010 (7)：4-6.

[15] 黄满盈, 邓晓虹. 贸易条件变动对中国经济增长影响的实证分析. 商业经济与管理, 2009 (10)：46-52.

[16] 黄满盈, 邓晓虹. 中国贸易条件变化和波动情况的经验分析. 当代经济科学, 2008 (9)：44-48.

[17] 黄满盈. 中国价格贸易条件波动性研究. 世界经济, 2008 (12)：46-52.

[18] 黄满盈. 中国贸易条件实证分析 (1981—2004). 博士学位论文, 对外经济贸易大学, 2006.

[19] 黄满盈. 中国同欧、美、日贸易条件波动的比较分析. 统计与决策, 2009 (8)：118-120.

[20] 李汉君, 孙旭. 中国价格贸易条件变动趋势与出口商品结构——基于1981~2007年的时序数据的研究. 国际贸易问题, 2009 (3)：37-40.

[21] 李南, 王慧. 我国贸易条件波动与经济增长关系的实证分析. 厦门理工学院学报, 2011 (6)：64-68.

[22] 李政德. 贸易条件、内生性成长：跨期替代模型. 商管科技季刊, 2005 (6)：1-18.

[23] 廖发达. 中国外贸贫困化增长原因初探. 世界经济研究, 1996 (6)：10-14.

[24] 林桂军, 张玉芹. 我国贸易条件恶化与贫困化增长. 国际贸易问题, 2007 (1)：3-9.

[25] 林建红, 徐元康. 比较优势战略在我国经济发展中的不适应性研究. 国际贸易问题, 2003 (10)：6-9.

[26] 林丽，张素芳.1994~2002年中国贸易条件的实证研究.国际贸易问题，2005（11）：17-21.

[27] 林林，周觉，林豆豆.我国贸易战略选择与"贫困化增长".国际贸易问题，2005（6）：14-20.

[28] 刘景竹.对中国在国际贸易中应避免贫困化增长的几点思考.世界经济与政治，1994（10）：30-35.

[29] 罗忠洲.汇率波动的贸易条件效应研究.上海金融，2005（2）：39-41.

[30] 石林梅，李倩倩.中国价格贸易条件与经济增长关系的实证研究.求是学刊，2009（7）：55-58.

[31] 孙伟忠.贸易条件与经济增长.吉林大学博士学位论文，2009.

[32] 王文龙.贸易条件恶化论的发展及其影响.贵州财经学院学报，2003（2）：58-61.

[33] 王信，林艳红.中国外贸扩张是否会导致贫困化增长？.经济社会体制比较，2008（1）：85-90.

[34] 肖德，郜敬钊.巴格瓦蒂对国际经济理论的贡献.经济学动态，2003（9）：79-83.

[35] 徐建斌，尹翔硕.贸易条件恶化与比较优势战略的有效性.世界经济，2002（1）：31-36.

[36] 薛进军.发展中国家的国际贸易理论及其对我国的启示.经济研究，1989（7）：58-65.

[37] 曾铮，胡小环.我国出口商品结构高度化与贸易条件恶化.财经科学，2005（4）：162-168.

[38] 张建华，刘庆玉.中国贸易条件影响因素的实证分析.国际贸易问题，2004（6）：20-23.

[39] 张觉力，王文龙.贸易条件恶化论的发展及意义.经济问题探索，2002（10）：13-16.

[40] 张曙霄，郭沛.中国价格贸易条件与出口商品结构的关

系——基于 2001～2008 年季度数据的分析．南开经济研究，2009
（5）：108－123.

[41] 张先锋，那明．我国价格贸易条件的影响因素分析——
基于内外部均衡的视角．国际经贸探索，2009（4）：20－25.

[42] 张昱，赵莹芳．"入世"前后我国贸易条件变化趋势及
波动性分析．商业经济研究，2009（11）：33－34.

[43] 赵丽红．关于贸易条件恶化论的争论．拉丁美洲研究，
2011（6）：20－80.

[44] 赵玉敏，郭培兴和王婷．总体趋于恶化——中国贸易条
件变化趋势分析．国际贸易，2002（7）：18－25.

[45] 周祖文．"贸易条件恶化论"述论．广西社会科学，
2008（5）：80－83.

[46] 庄芮．质疑"普雷维什—辛格命题"．世界经济研究，
2006（9）：19－23.

[47] A'vila D. R. Multiple Breaks, Terms of Trade Shocks and the
Unit－Root Hypothesis for African Per Capita Real GDP [J]. World De-
velopment, 2009, 37: 1051－1068.

[48] Aaron T., Velasco A. Fixed versus Flexible Exchange
Rates: Which Provides More Fiscal Discipline? [J]. Journal of Monetary
Economics, 2000, 45: 399－436.

[49] Age'nor P. R., McDermott C. J, Prasad E. S. Macroeco-
nomic Fluctuations in Developing Countries: Some Stylized Facts [J].
IMF Working Paper, March 1999, WP/99/35.

[50] Andrews D., Rees D. Macroeconomic Volatility and Terms of
Trade Shocks, October 2009, Reserve Bank of Australia Research dis-
cussion paper.

[51] Andrews, Chen. Approximately Median－Unbiased Estima-
tion of Autoregressive Models [J]. Journal of Business and Economic Sta-
tistics, 1994, 12: 187－204.

[52] Andrews. Exactly Median – Unbiased Estimation of First – Order Autoregressive / Unit Root Models [J]. Econometrica, 1993, 61: 139 – 165.

[53] Ang J. B. , Mckibbin W. J. Financial Liberalization, Financial Sector Development and Growth: Evidence from Malaysia [J]. Journal of Development Economics, 2007, 84: 215 – 233.

. [54] Backus D. K. , Crucini M. J. Oil Prices and the Terms of Trade [J]. Journal of International Economics, 2000, 50: 185 – 213.

[55] Backus D. K. , Kehoe P. J. , Kydland F. K. Dynamics of the Trade Balance and the Terms of Trade: The J – Curve [J]. American Economic Review, 1994, 84 (1): 89 – 103.

[56] Backus D. K. , Kehoe P. J. , Kydland F. K. International Real Business Cycle [J]. Journal of Political Economy, 1992, 100: 745 – 775.

[57] Backus D. K. Interpreting Comovements in the Trade Balance and the Terms of Trade [J]. Journal of International Economics, 1993, 34: 375 – 387.

[58] Bairoch P. The Economic Development of the Third World since 1900 [J]. Berkeley: University of California Press, 1975: 113 – 116.

[59] Baldwin R. S. Secular Movements in the Terms of Trade [J]. American Economic Review, 1955, 45: 259 – 269.

[60] Barro R. , Sala – i – Martin J. X. Economic Growth [M]. McGraw – Hill, New York, 1995.

[61] Barsky R. , Kilian L. Oil and the Macro – Economy since the 1970s [J]. National Bureau of Economic Research Working Paper, 2004, No. 10855.

[62] Basu P. , McLeod D. Terms of Trade Fluctuations and Economic Growth in Developing Economies [J]. Journal of Development Economics, 1992, 37: 89 – 110.

[63] Baxter M., Kouparitsas M. A. What Can Account for Fluctuations in the Terms of Trade? [J]. NBER Working Paper. December 2000.

[64] Baxter M., Kouparitsas M. A. What Causes Fluctuations in the Terms of Trade? [J]. NBER Working Paper no. 7462.

[65] Beck T., Lundberg M. K. A., Majnoni G. Financial Intermediary Development and Growth Volatility: Do Intermediaries Dampen or Magnify Shocks? [J]. Journal of International Money and Finance, 2006, 25 (7): 1146 – 1167.

[66] Becker T., Mauro P. Output Drops and the Shocks that Matter [J]. IMF Working Paper, 2006 – 07 – 01.

[67] Bidarkota P., Crucini M. Commodity Prices and the Terms of Trade [J]. Review of International Economics, 2000, 8: 647 – 666.

[68] Blanchard O., Wolfers J. The Role of Shocks and Institutions in the Rise of European Unemployment: The Aggregate Evidence [J]. Economic Journal, 2000, 110 (462): C1 – C33.

[69] Blattman C., Hwang J., Williamson J. G. The Impact of the Terms of Trade on Economic Growth in the Periphery, 1870 – 1939: Volatility and Secular Change [J]. NBER Working Paper, 2004, 10600.

[70] Blattman C., Hwang J., Williamson J. G. The Terms of Trade and Economic Growth in the Periphery 1870 – 1983 [J]. NBER Working Paper, August 2003, No. 9940.

[71] Blattman C., Hwang J., Williamson J. G. Winners and Losers in the Commodity Lottery: The Impact of Terms of Trade Growth and Volatility in the Periphery 1870 – 1939 [J]. Journal of Development Economics, 2007, 82: 156 – 179.

[72] Bleaney M. F., Greenaway D. Adjustment to External Imbalance and Investment Slumps in Developing Countries [J]. European Eco-

nomic Review, 1993, 37: 577 – 585.

[73] Bleaney M. F. , Greenaway D. Long – Run Trends in the Relative Price of Primary Commodities and in the Terms of Trade of Developing Countries [J]. Oxford Economic Papers, 1993, 45 (3): 349 – 363.

[74] Bleaney M. F. , Greenaway D. The Impact of Terms of Trade and Real Exchange Rate Volatility on Investment and Growth in Sub – Saharan Africa [J]. Journal of Development Economics, 2001, 65: 491 – 500.

[75] Bloch H. , Sapsford D. Some Estimates of Prebisch and Singer Effects on the Terms of Trade between Primary Producers and Manufactures [J]. World Development, 1997, 25: 1873 – 1884.

[76] Bloomfield A. I. Effect of Growth on the Terms of Trade: Some Earlier Views [J]. Economica, 1984, 51: 187 – 193.

[77] Borkin P. Past, Present and Future Developments in New Zealand's Terms of Trade [J]. July 2006. New Zealand Treasury Working Paper 06/09.

[78] Bouakez H. , Kano T. Terms of Trade and Current Account Fluctuations: The Harberger – Laursen – Metzler Effect Revisited [J]. Journal of Macroeconomics, 2008, 30: 260 – 281.

[79] Brock P. Export Instability and the Economic Performance of Developing Countries [J]. Journal of Economic Dynamics and Control, 1991, 15: 129 – 147.

[80] Broda C. Coping with Terms of Trade Shocks: Pegs vs Floats [J]. American Economic Review, 2001, 91 (2): 376 – 380.

[81] Broda C. Terms of Trade and Exchange Rate Regimes in Developing Countries [J]. Journal of International Economics, 2004, 63: 31 – 58.

[82] Buckle, Robert A. , Kim K. A Structural VAR Model of the

New Zealand Business Cycle [J]. New Zealand Treasury Working Paper, 2002, No. 02/26.

[83] Caballero R. , Panageas S. Hedging Sudden Stops and Precautionary Recessions: A Quantitative Approach [J]. Mimeo, Massachusetts Institute of Technology, 2003.

[84] Cashin P. , John M. The Long – Run Behavior of Commodity Prices: Small Trends and Big Variability [J]. International Monetary Fund Staff Papers, 2002, 49 (2): 175 – 199.

[85] Cashin P. , Liang H. , John M. How Persistent are Shocks to World Commodity Prices? [J]. International Monetary Fund Staff Papers, 2000, 47 (2): 177 – 217.

[86] Cashin P. , McDermott C. J. , Pattillo C. Terms of Trade Shocks in Africa: Are They Short – Lived or Long – Lived? [J]. Journal of Development Economics, 2004, 73: 727 – 744.

[87] Chia W. M. , Alba J. D. Terms – of – Trade Shocks and Exchange Rate Regimes in a Small Open Economy [J]. The Economic Record, 2006, 82: S41 – S53.

[88] Christian B. , Tille C. Coping with Terms – of – Trade Shocks in Developing Countries [J]. Current Issues in Economics and Finance, 2003, 9.

[89] Collier P. , Gunning J. Trade Shocks in Developing Countries [M]. Oxford University Press, Oxford, 1999.

[90] Cuadra G. , Sapriza H. Sovereign Default, Terms of Trade and Interest Rates in Emerging Markets [J]. Banco de Me'xico Working Paper, 2006, 01.

[91] Cuddington J. T. Commodity Export Booms in Developing Countries [J]. World Bank Research Observer, 1989, 4: 143 – 165.

[92] Cuddington J. T. Long – Run Trends in 26 Primary Commodity Prices: A Disaggregated Look at the Prebisch – Singer Hypothesis [J].

Journal of Development Economics, 1992, 39 (2): 207 –227.

[93] Deaton A. , Miller R. I. International Commodity Prices, Macroeconomic Performance and Politics in Sub – Saharan Africa [J]. Journal of African Economics, AERC Supplement, 1996, 5: 99 – 191.

[94] Deaton A. Commodity Prices and Growth in Africa [J]. Journal of Economic Perspectives, 1999, 13: 23 –40.

[95] Diewert W. E. , Morrison C. J. Adjusting Output and Productivity Indexes for Changes in the Terms of Trade [J]. Economic Journal, 1986, 96: 659 –679.

[96] Edwards S. , Yeyati E. L. Flexible Exchange Rates as Shock Absorbers [J]. European Economic Review, 2005, 49 (8): 2079 – 2105.

[97] Eicher T. S. , Schubert S. F. , Turnovsky S. J. Dynamic Effects of Terms of Trade Shocks: The Impact on Debt and Growth [J]. International Money and Finance, 2008, 27: 876 –896.

[98] Eicher T. S. , Turnovsky S. J. International Capital Markets and Non – Scale Growth [J]. Review of International Economics, 1999, 7: 171 –188.

[99] Eicher T. S. , Turnovsky S. J. Non – scale Models of Economic Growth [J]. Economic Journal, 1999, 109: 394 –415.

[100] Ellsworth P. T, Leith J. C. The International Economy [M]. Macmillan, 1984.

[101] Ellsworth P. T. The Terms of Trade between Primary Producing and Industrial Countries [J]. Inter – American Economic Affairs, 1956, 10: 47 –65.

[102] Esfahani H. S. Exports, Imports, and Economic Growth in Semi – Industrial Countries [J] . Journal of Development Economics, 1991, 35: 93 –116.

[103] Fatima N. Analyzing the Terms of Trade Effect for Pakistan [J]. PIDE Working Paper, 2010: 59.

[104] Fox, K. J. , Kohli U. , Ronald S. , Warren J. Sources of Growth and Output Gaps in New Zealand: New Methods and Evidence [J]. New Zealand Economic Papers, 2003, 37 (1): 67 – 92.

[105] Funke N. , Granziera E. , Imam P. Terms of Trade Shocks and Economic Recovery [J]. IMF Working Paper, 008 – 07 – 1.

[106] Ghura D. , Grennes T. J. The Real Exchange Rate and Macroeconomic Performance in Sub – Saharan Africa [J]. Journal of Development Economics, 1993, 42: 155 – 174.

[107] Gilbert C. L. The Impact of Exchange Rates and Developing Country Debt on Commodity Prices [J]. Economic Journal, 1989, 99 (397): 773 – 784.

[108] Gillitzer, Christian, Jonathan K. Long – Term Patterns in Australia's Terms of Trade [J]. Reserve Bank of Australia Research Discussion Paper, April, 2005.

[109] Grilli, Enzo R. , Yang M. C. Primary Commodity Prices, Manufactured Goods Prices, and Terms of Trade of Developing Countries: What the Long Run Shows [J]. World Bank Economic Review, 1988, 2: 1 – 48.

[110] Grimes A. A Smooth Ride: Terms of Trade, Volatility and GDP Growth [J]. Journal of Asian Economics 2006, 17: 583 – 600.

[111] Gruen D. , Dwyer J. Are Terms of Trade Rises Inflationary? [J]. Research Discussion Paper, 1995, 9508.

[112] Gruen D. A Tale of Two Terms of Trade Booms. Address to Australian Industry Group [J]. Economy Forum, March, 2006. Melbourne.

[113] Hadass Y. S. , Williamson J. G. Terms of Trade Shocks and Economic Performance, 1870 – 1940: Prebisch and Singer Revisited

[J]. NBER Working Paper, March 2001. No. 8188.

[114] Harberger A. Currency Depreciation, Income, and the Balance of Trade [J]. Journal of Political Economy, 1950, 58: 47 - 60.

[115] Harrison A. Openness and Growth: A Time – Series, Cross – Country Analysis for Developing Countries [J]. Journal of Development Economics, 1996, 48: 419 - 447.

[116] Hsieh C. T. , Klenow P. Relative Prices and Relative Prosperity [J]. NBER Working Paper, 2003, 9701.

[117] Jose D. G. , Holger W. Terms of Trade, Productivity, and the Real Exchange Rate [J]. NBER Working Paper, July 1994. No. W4807.

[118] Kaneko A. Terms of Trade, Economic Growth and Trade Patterns: A Small Open – Economy Case [J]. Journal of International Economics, 2000, 52: 169 - 181.

[119] Kaplinsky, Raphael. Revisiting the Revisited Terms of Trade: Will China Make a Difference? [J]. World Development, 2006, 34 (6): 981 - 995.

[120] Kehoe T. J. , Ruhl K. J. Are Shocks to the Terms of Trade Shocks to Productivity? [J]. Review of Economic Dynamics, 2008, 11: 804 - 819.

[121] Kellard, N. , Wohar M. E. On the Prevalence of Trends in Primary Commodity Prices [J]. Journal of Development Economics, 2006, 79 (1): 146 - 167.

[122] Kent, C. , Cashin P. The Response of the Current Account to Terms of Trade Shocks: Persistence Matters [J]. International Monetary Fund Working Paper, July, 2003, 03/143.

[123] Kindleberger C. P. The Terms of Trade: A European Case Study [M]. Cambridge: Technology Press and John Wiley and Sons, Inc. , 1956.

［124］Kohli U. Real GDP, Real Domestic Income, and Terms － of － Trade Changes ［J］. Journal of International Economics, 2004, 62: 83 － 106.

［125］Kohli U. Real GDP, Real GDI, and Trading Gains: Canada, 1981 － 2005 ［J］. International Productivity Monitor, 2006, 13: 46 － 56.

［126］Kohli U. Terms of Trade, Real GDP, and Real Value Added: A New Look at New Zealand's Growth Performance ［J］. New Zealand Economic Papers, 2003, 37 (1): 41 － 66.

［127］Kormendi R. , Meguire P. Macroeconomic Determinants of Growth: Cross － country Evidence ［J］. Journal of Monetary Economics, 1985, 16: 141 － 163.

［128］Kose M. A. Explaining Business Cycles in Small Open Economies: How Much Do World Prices Matter? ［J］. Journal of International Economics, 2002, 56 (2): 299 － 327.

［129］Laursen, S. , Metzler L. Flexible Exchange Rates and the Theory of Employment ［J］. Review of Economics and Statistics, 1950, 32: 281 － 299.

［130］Levine R. Financial Development and Economic Growth: Views and Agenda ［J］. Journal of Economic Literature, 1997, 352: 688 － 726.

［131］Lipsey R. E. Price and Quantity Trends in the Foreign Trade of United States ［M］. Princeton University Press. 1963.

［132］Liu W. C. , Hsu C. M. The Role of Financial Development in Economic Growth: The Experiences of Taiwan, Korea, and Japan ［J］. Journal of Asian Economics, 2006, 17: 667 － 690.

［133］Lui P. The Role of International Shocks in Australia's Business Cycle ［J］. RBA Research Discussion Paper, August, 2008.

［134］Lutz M. A General Test of the Prebisch － Singer Hypothesis

[J]. Review of Development Economics, 1999, 3 (1): 44 –57.

[135] Lutz M. The Effects of Volatility in the Terms of Trade on Output Growth: New Evidence [J]. World Development, 1994, 22 (12): 1959 –1975.

[136] Meier G. M. International Trade and International Inequality [J]. Oxford Economic Papers, 1958, 10: 277 –289.

[137] Mendoza E. G. Terms of Trade Uncertainty and Economic Growth [J]. Journal of Economic Development, 1997, 54: 323 –356.

[138] Mendoza E. G. The Effects of Macroeconomic Shocks in a Basic Equilibrium Framework [J]. IMF Staff Papers, 1992, 39 (4): 855 –889.

[139] Mendoza E. G. The Terms of Trade, the Real Exchange Rate, and Economic Fluctuations [J]. International Economic Review, 1995, 36 (1): 101 –137.

[140] Miguel E. , Satyanath S. , Sergenti E. Economic Shocks and Civil Conflict: An Instrumental Variables Approach [J]. Journal of Political Economy, 2004, 112 (4): 725 –753.

[141] Nadenichek J. Asset Markets, Relative Price Shocks and Trade Anomalies in International Real Business Cycle Models [J]. The Quarterly Review of Economics and Finance, 2001, 4: 183 –203.

[142] Obstfeld M. Aggregate Spending and the Terms of Trade: Is There a Laursen – Metzler Effect? [J]. Quarterly Journal of Economics, 1982, 97: 251 –270.

[143] Orcutt, G. H. A Study of the Autoregressive Nature of the Time Series Used for Tinbergen's Model of the Economic System of the United States [J]. Journal of the Royal Statistical Society, Series B. 1948, 10: 1 –48.

[144] Ostry J. D. , Berg A. , Zettelmeyer J. What Makes Growth Sustained? [J]. IMF working paper, 2008 –03 –01.

[145] Ostry J. D. The Balance of Trade, Terms of Trade and the Real Exchange Rate: An Intertemporal Optimizing Framework [J]. IMF Staff Papers, 1988, 35: 541 –573.

[146] Otto G. Terms of Trade Shocks and the Balance of Trade: There is A Harberger – Laursen – Metzler Effect [J]. Journal of International Money and Finance, 2003, 22: 155 –184.

[147] Persson T. , Svensson L. E. O. Current Account Dynamics and the Terms of Trade: Harberger – Laursen – Metzler Two Generations Later [J]. Journal of Political Economy, 1985, 93 (1): 43 –65.

[148] Phillips P. C. B. , Perron P. Testing for a Unit Root in Time Series Regression [J]. Biometrika, 1988, 752: 335 –346.

[149] Powell A. Commodity and Developing Country Terms of Trade: What Does the Long Run Show? [J]. The Economic Journal, 1991, 101: 1485 –1496.

[150] Prebisch R. The Economic Development of Latin America and Its Principal Problems [J]. United Nations, Department of Economic Affairs, Lake Success, NY. Reprinted in Economic Bulletin for Latin America, 1950, 7: 1 –22.

[151] Pryor F. L. Immiserizing Growth as Seen by Bhagwati, Samuelson, and Others [J]. Journal of Economic Education, 2007, 38: 208 –214.

[152] Ramey G. , Ramey V. Cross – Country Evidence on the Link between Volatility and Growth [J]. American Economic Review, 1995, 85: 1138 –1151.

[153] Razin A. , Sadka E. , Coury T. Trade Openness, Investment Instability, and Terms – of – Trade Volatility [J]. Journal of International Economics, 2003, 61: 285 –306.

[154] Rodrik D. Where Did All the Growth Go? Exernal Shocks, Social Conflict, and Growth Collapses [J]. Journal of Economic Growth,

1999, 4: 385 –412.

[155] Rogers J. , Wang P. Sources of Fluctuations in Relative Prices: Evidence from High Inflation Countries [J]. Review of Economics and Statistics, 1993, 75 (4): 589 –605.

[156] Romer P. M. Increasing Returns and Long – Run Growth [J]. Journal of Political Economy, 1986, 94: 1002 –1038.

[157] Salter W. E. G. Internal and External Balance: The Role of Price and Expenditure Effects [J]. Economic Record, 1959, 35: 226 – 238.

[158] Sapsford D. , Balasubramanyam V. N. The Long – Run Behavior of the Relative Price of Primary Commodities: Statistical Evidence and Policy Implications [J]. World Development, 1994, 22: 1737 –1745.

[159] Sapsford D. The Statistical Debate on the Net Barter Terms of Trade between Primary Commodities and Manufactures: A Comment and Some Additional Evidence [J]. Economic Journal, 1985, 95: 781 –788.

[160] Sarkar P. , Singer H. W. Manufactured Exports of Developing Countries and Their Terms of Trade Since 1965 [J]. World Development, 1991, 19: 333 –340.

[161] Sawada Y. Immiserizing Growth: An Empirical Evaluation [J]. Applied Economics, 2009, 41: 1613 –1620.

[162] Schmidt – Hebbel K. , Serven L. Dynamic Responses to External Shocks in Classical and Keynesian Economies [J]. CEPR Conference Paper, 1993.

[163] Sen P. , Turnovsky S. J. Deterioration of the Terms of Trade and Capital Accumulation: A Re – Examination of the Laursen – Metzler Effect [J]. Journal of International Economics, 1989, 26: 227 –250.

[164] Servh L. Terms – of – Trade Shocks and Optimal Investment: Another Look at the Laursen – Metzler Effect [J]. Journal of International Money and Finance, 1999, 18: 337 –365.

中国价格贸易条件冲击的动态传导机制与效应研究

[165] Spatafora N. , Warner A. Macroeconomic Effects of Terms – of – Trade Shocks [J]. Policy Research Working Paper, January 1995, WPS1410.

[166] Spraos J. The Statistical Debate on the Net Barter Terms of Trade between Primary Commodities and Manufactures [J]. Economic Journal, 1980, 90: 107 – 128.

[167] Stevens G. Commodity Prices and Macroeconomic Policy: An Australian Perspective [J]. RBA Bulletin, 2008, 6: 5 – 12.

[168] Svensson L. E. O. , Razin A. The Terms of Trade and the Current Account: The Harberger – Laursen – Metzler Effect [J]. Journal of Political Economy, 1983, 91: 97 – 125.

[169] Turnovsky S. J. , Chattopadhyay P. Volatility and Growth in Developing Economies: Some Numerical Results and Empirical Evidence [J]. Journal of International Economics 2003, 59: 267 – 295.

[170] Turnovsky S. J. The Impact of Terms of Trade Shocks on a Small Open Economy: A Stochastic Analysis [J]. Journal of International Money and Finance, 1993, 12: 278 – 297.

[171] Urban D. M. Terms of Trade, Catch – Up, and Home – Market Effect: The Example of Japan [J]. Japanese International Economics, 2007, 21: 470 – 488.

[172] Vander P. F. Budgetary Policies, Foreign Indebtedness, the Stock Market, and Economic Growth [J]. Oxford Economic Papers, 1996, 48: 382 – 396.

[173] Wong H. T. Is There A Long – Run Relationship between Trade Balance and Terms of Trade? The Case of Malaysia [J]. Applied Economics Letters, 2006, 13 (5): 307 – 311.

[174] Wong H. T. Terms of Trade and Economic Growth in Japan and Korea: An Empirical Analysis [J]. Empirical Economics, 2010, 38: 139 – 158.

— 202 —

后　记

　　《中国价格贸易条件冲击的动态传导机制与效应研究》一书，是在完成 2011 年度教育部人文社会科学研究青年项目"我国价格贸易条件冲击的动态传导机制：理论模型、数值模拟与计量分析（11YJC790182）"的基础上编撰而成的。该课题于 2011 年 9 月批准立项，于 2016 年 4 月完成，历时 4 年半圆满地完成了各项研究任务。这也是我从事学术研究以来的首个独立主持完成的教育部课题，感谢教育部社科司对课题研究的资助和支持，现在课题研究成果以专著形式出版了，内心喜悦之情溢于言表。

　　在课题的研究过程中，项目组成员先后赴北京、沈阳、长春、云南、广西和重庆等地开展实地调研工作数十次，走访了与课题研究相关的政府管理部门、科研院所、高等院校，行程数万公里。

　　为了更好地完成课题研究工作，课题组还与辽宁大学经济学院和吉林大学数量经济研究中心建立了良好的学术合作关系，先后多次去辽宁大学经济学院和吉林大学数量经济研究中心，就课题研究的难点问题与博士生导师崔日明教授以及刘金全教授的研究团队进行合作、研讨。另外，大连民族大学社科处李洲良处长和社科处的各位老师在项目管理过程中也付出了大量的努力，特别感谢社科处谭慧敏老师不厌其烦地帮助我协调和解决项目结题过程中遇到的各种困难。

　　在课题组成员的共同努力下，课题研究取得丰硕的研究成果，共发表学术论文 10 篇，其中 5 篇论文被 CSSCI 收录，出版学术专著 1 部。此外，以此课题研究为依托，课题组成员先后获批 2015 年度国家社科基金一般项目 1 项，2015 年度中华人民共和国国家民族事务委员会民族问题研究项目 1 项，2012 年度和 2013 年度辽宁省社科基金项目各 1 项，2013 年和 2014 年辽宁省教育厅人文社会科学研究一般项目各 1 项。

本书的研究思路、研究框架由本人负责设计，全书由本人和张欣副教授执笔撰写。其中，第 4 章、第 5 章、第 9 章和第 10 章由本人撰写，第 3 章、第 7 章和第 8 章由张欣副教授撰写，第 1 章、第 2 章和第 6 章由本人和张欣副教授联合撰写。最后，全书由本人负责审稿定稿，张欣副教授做了大量的编辑和校对工作。

科学研究是一个不懈追求、不断创新、不断探索、扬弃的过程。需要有新思路，需要持之以恒，更需要学术同仁的鼎力支持和帮助。在本课题的研究和本书的写作过程中，除了本人个人努力以外，还有很多人给本人提供了必要的帮助和鼎力支持。

感谢全体课题组成员卓有成效的研究工作，正是你们不辞辛苦地开展调研、查收资料和热烈讨论，才成就了今天这本学术专著。感谢大连民族大学民族地区可持续发展研究中心马林主任对本书的出版给予了大力的支持和帮助。2009 年至今，本人一直担任马林主任的科研助手，并先后参与了马林主任主持的三项国家社科基金项目的研究工作，马林主任的悉心指导和国家社科基金项目的宝贵历练经历对提升本人科研能力帮助很大。此外，大连民族大学经济管理学院的张树安书记、刘大志院长、叶兴义副院长、杨玉文副院长、巩少伟教授、解柠羽博士、张扬博士、艾伟强博士等对本书的撰写也提出了诸多富有见解的意见和建议，在此一并表示谢意。

最后，感谢经济科学出版社以及编辑王柳松老师细致耐心的工作。

本书由于成书仓促，难免有许多疏漏，不妥之处在所难免，但我希望能起到抛砖引玉的效果，也恳请专家和学者给予批评指正。

王 亮

2016 年 3 月